Unser Haus ist die Erde

Klaus W. Vopel

Unser Haus ist die Erde

*Phantasiereisen durch
die Natur*

Die Deutsche Bibliothek – CIP-Einheitsaufnahme

Vopel, Klaus W.:
Unser Haus ist die Erde : Phantasiereisen durch die Natur /
Klaus W. Vopel. - 1. Aufl. - Salzhausen : iskopress, 2001
ISBN 3-89403-086-0

1. Auflage 2001

Copyright © iskopress, Salzhausen

Umschlag und Illustrationen:
Mathias Hütter, Schwäbisch Gmünd
Satz und Layout: E. Velina
Druck: Runge, Cloppenburg

Inhalt

Einleitung 7
Entspannung 19
Innere Bilder sehen 20

Kapitel 1: Die Elemente 21
Der Findling 22
Der Wind 24
Das Wasser 26
Die Erde 29
Das Feuer 31
Fühlen wie ein Fluss 33
Bei Sonnenaufgang 37
Bei Sonnenuntergang 39
Das Schiff 41
Feuer, Wasser, Erde, Luft 43
Die Welt der Mineralien 47
Der Stein des Himmels 54

Kapitel 2: Bäume, Blumen 59
Der Farn 60
Der Krokus 61
Der Baum 62
Die Rose 64
Der Wald 66
Der Rosenstrauch 69
Der Apfelbaum 72
Mit einer Pflanze sprechen 76
Der Kürbis 79
Blatt im Herbst 84

Kapitel 3: Fühlen wie ein Tier 87
Die Raupe 88
Der Lachs 90
Der Albatros 94

INHALT

Der Schmetterling 97
Der Kojote 99
Totem 101
Die ägyptische Katze 103

Reisen über die Erde 107
Inselparadies 108
Segeltour im Sommer 111
Das Glück der Aeronauten 116
Tempel der Schönheit 122
Die Grotte 124
Tempeltraum 126
Tief im Dschungel – hoch oben in Nepal 129
Ein Frühlingstag 132
Der Garten 135
Die Wüste 138

Planetarisches Bewusstsein 139
Synergie 140
Die Flamme des Lebens 143
Wellen 145
Solidarität 147
Die Geschichte der Erde 149
Mitgefühl, Verbundenheit, Liebe 153
Sich zu Hause fühlen 156
Der Geist des Universums 158
Zyklus der Jahreszeiten 160
Mutter Erde 163
Optimismus 166
Kollektives Bewusstsein 168
Offen sein, bereit sein 171
Dankbarkeit 173

Einleitung

Dieses Buch habe ich für GruppenleiterInnen in allen Bereichen geschrieben – in Schule und Psychotherapie, kirchlicher und außerkirchlicher Jugendarbeit und in der Erwachsenenbildung. Die Phantasiereisen greifen ein Thema auf, das die Menschen in allen Gruppen betrifft, Jugendliche wie Erwachsene, Männer wie Frauen. Bei diesem Thema geht es um unsere Beziehung zur Natur und zur Erde, wir könnten auch sagen, es geht um unsere Beziehung zum Leben.

Frühere Generationen lebten mit einer gewissen Naivität. Auch sie kannten Umweltprobleme, aussterbende Tierarten, vergiftete Böden und verschmutzte Luft, aber sie waren sich sicher, dass ihre Kinder und Kindeskinder über dieselbe Erde würden gehen und unter demselben Himmel würden leben können. Die Generationen vor uns hatten ein Gefühl der Kontinuität, sie glaubten an den Fortschritt. Natürlich machte die Menschheit Fehler, aber man war überzeugt, dass alle Fehler durch den wissenschaftlichen und technologischen Fortschritt wieder korrigiert werden könnten.

Heute sind wir da skeptischer. Wir haben unseren naiven Optimismus verloren, stattdessen empfinden wir Angst. Uns ist bewusst geworden, dass wir an Grenzen gestoßen sind, dass wir einen hohen Preis bezahlen müssen für den Versuch, die Erde zu beherrschen und uns auf Kosten ihrer Ressourcen ein angenehmes Leben zu machen. Wir hören ständig neue, alarmierende Meldungen: Bevölkerungsexplosion, Klimaveränderungen, Artensterben, die Schädigung der europäischen Wälder und die Dezimierung des Regenwaldes. Zwischendurch werden wir, wie im Mittelalter, von plötzlich auftauchenden Seuchen geplagt. Unsere besten Wissenschaftler erweisen sich als hilflos bei der Bekämpfung von AIDS, BSE und MKS. Der Zustand der Welt löst in uns manchmal so etwas wie eine Untergangsstimmung aus.

Angesichts der vielen ökologischen Probleme bleibt niemand emotional unberührt. Wir reagieren mit Gefühlen, die typisch sind für Menschen, die einen schmerzlichen Verlust erleiden oder traumatisiert werden. Wir empfinden Wut und Trauer, aber wir versuchen, diese Gefühle zu unterdrücken, weil sie uns überwältigen könnten. Stattdessen wenden wir eine psychologische Strategie an, die uns helfen soll, unser inneres Gleichgewicht wiederzufinden – die Verleugnung: Wir bezweifeln, ob die Gefahren wirklich so gravierend sind. Wir können die Giftstoffe in Luft, Nahrung und Wasser mit unseren Sinnen oft nicht feststellen. Wir erleben nicht mit eigenen Augen, wie die tropischen Wälder gerodet werden. Die Ausdünnung der schützenden Ozonschicht erscheint uns sehr abstrakt, und wenn Frösche oder Vögel aussterben, dann übersehen wir das. Und an so unübersehbare Phänomene wie Smog oder durch Öl verschmutzte Strände gewöhnen wir uns und betrachten sie als zum Leben dazugehörig. Viele dieser dramatischen Veränderungen erscheinen uns im Augenblick ganz unscheinbar, so dass wir nicht an den Ernst der Lage glauben wollen. Und da wir nicht gelernt haben, in systemischen Zusammenhängen zu denken, entgehen uns viele Wechselwirkungen. Wir bemerken nicht, welchen hohen Preis wir dafür zahlen, dass wir zu schnell Auto fahren und zuviel Fleisch essen. Wir glauben immer noch, dass die Natur uns alles umsonst gibt.

Schließlich entwickeln wir etwas, was der Psychoanalytiker Robert Lifton als „Doppelleben" bezeichnet. Auf der einen Ebene machen wir so weiter wie bisher – wir arbeiten, ziehen unsere Kinder groß und reisen in der Welt herum. Gleichzeitig haben wir ein untergründig schlechtes Gewissen und eine unbestimmte Angst.

Unsere Aufgabe

Mit dem Übergang zu Ackerbau und Viehzucht begann vor ungefähr 10.000 Jahren eine ganz neue Entwicklung in der Beziehung des Menschen zur Erde. Die Menschheit fing an, das Biosystem des Planeten auszubeuten. Zunächst blieben die Belastungen für die Erde relativ unscheinbar, weil die Natur mit ihrer ungeheuren Fruchtbarkeit die Schäden selbst reparierte, weil die Anzahl der Menschen begrenzt war und weil unsere technologischen Möglichkeiten noch nicht so weit entwickelt waren, dass die ökologischen Kreisläufe grundlegend gestört worden wären. In den letzten Jahrhunderten jedoch ist eine industrielle Zivilisation entstanden, die unseren Planeten zum Teil irreversibel schädigt. Jedes Jahr gehen über 25 Milliarden Tonnen fruchtbare Erde verloren, was dramatische Auswirkungen auf die Lebensmittelproduktion für die kommenden Generationen hat. Die Ozeane werden leergefischt, so dass für die Ernährung des Menschen wichtige Fischarten vom Aussterben bedroht sind; auf der südlichen Halbkugel wird in zunehmendem Maße der Regenwald zerstört, so dass jedes Jahr eine große Anzahl von Tieren und Pflanzen ausstirbt; unsere Wasservorräte werden geplündert oder vergiftet; die Atmosphäre wird durch fossile Brennstoffe verschmutzt, und der radioaktive Abfall bedeutet eine zunehmende Gefahrenquelle. All das führt zu einer ernsten Krise. Die Natur ist immer weniger in der Lage, sich selbst zu heilen. An die Stelle der natürlichen Selektion tritt die kulturelle: Der Mensch entscheidet über die Zukunft der Biosysteme der Erde.

Der entscheidende Grund für diese krisenhafte Entwicklung ist nicht die Technologie, sondern eine Veränderung im menschlichen Bewusstsein. Wir haben einen radikalen Schnitt gemacht zwischen menschlicher und nichtmenschlicher Existenz und beanspruchen alle Rechte für uns. Tiere und Pflanzen, Flüsse und Wälder haben für unser modernes Verständnis keine eigenen Rechte. Ihr Wert bestimmt sich ausschließlich durch ihre Verwertbarkeit für den Menschen. Dadurch ist die Erde schutzlos der Ausplünderung durch den Menschen ausgeliefert. Diese Einstellung, die den Menschen zum Herrn der Erde macht, wird leider von den vier wichtigsten Mächten geteilt, die unsere Entwicklung kontrollieren: von Regierungen, Wirtschaftsunternehmen, Universitäten und Religionen. Sie alle tun so, bewusst oder unbewusst, als ob es keine Verbindung zwischen menschlichem und nichtmenschlichem Leben gäbe. In Wirklichkeit gibt es auf der Erde jedoch nur ein einziges integrales Ökosystem, dem alles zugehört, Menschen wie auch alles Nichtmenschliche. In dieser Gemeinschaft hat jedes Wesen seine eigene Rolle, seine eigene Würde, seine eigene Spontaneität und Kreativität; jedes Wesen hat seine eigene Stimme; jedes Wesen hat seine Funktion und Verantwortlichkeit gegenüber dem ganzen Universum; jedes Wesen kommuniziert mit dem anderen; alles ist miteinander verbunden; alles trägt zur Entwicklung bei. Daraus folgt, dass alles auf diesem Planeten Existierende Rechte hat, die erkannt und berücksichtigt werden müssen. Die Bäume haben Baumrechte, die Insekten haben Insektenrechte, die Flüsse haben Flussrechte, die Berge haben Bergrechte. Und man könnte diese Aufzählung noch lange fortsetzen. Alle Rechte sind begrenzt und relativ. Das gilt auch für die menschlichen. Wir haben das Recht, uns zu ernähren und dafür zu sorgen, dass wir ein Dach über dem Kopf haben. Wir haben das Recht auf Lebensraum, aber wir haben nicht das Recht, andere Lebensformen aus ihrem angestammten Lebensraum zu vertreiben. Wir haben nicht das Recht, die Wanderungen der Tiere zu stören. Wir haben nicht das Recht, das Biosystem des Planeten zu zerstören, und wir dürfen auch nicht so tun, als ob die Erde oder irgendein Teil der Erde unser absolutes Eigentum wäre.

Heute stehen wir vor der großen Aufgabe, unser Verhältnis zur Erde zu verbessern. Dabei ist es illusorisch, so zu tun, als ob es eine Rückkehr zur ökologischen Unschuld vergangener Zeiten gäbe. Wir können nicht auf die großen Errungenschaften unserer Geschichte verzichten, auf die Naturwissenschaften, auf unser Bedürfnis nach Selbstverwirklichung. Aber wir können etwas ändern, was große Konsequenzen haben kann. Wir können unsere gefühlsmäßige Beziehung zu Tieren und Pflanzen, zum Leben auf diesem Planeten verändern. Wir können wieder anfangen, Mitgefühl mit allem Leben, mit allen belebten und unbelebten Existenzen im Kosmos zu entwickeln. Dass dies möglich ist, auch im Rahmen unserer westeuropäischen Kultur, hat uns als Erster Franziskus von Assisi gezeigt, und nach ihm eine Reihe von großen Philosophen und Denkern, von Schopenhauer bis zu Thoreau.

Vielleicht fällt es uns leichter, eine neue, liebevolle Haltung der Natur gegenüber einzunehmen, wenn wir uns daran erinnern, dass wir aus Erde gemacht sind und einmal zur Erde zurückkehren werden; wenn wir uns klar machen, dass die Erde uns nicht wie ein fremdes Objekt gegenübersteht, sondern dass wir Erde in uns haben. Alle Atome und Moleküle, aus denen unser Nervensystem und unser Gehirn, Herz und Lunge, Knochen und Haut aufgebaut sind, stammen von der Erde. Sie haben unendlich oft ihre Form gewechselt, bis sie uns im Laufe der Evolution in die Lage versetzten, Gefühle zu haben, Verstand, Willen, Selbstbewusstsein und Verantwortungsbereitschaft.

Die Geschichte der Erde

Wir können uns die Geschichte der Erde als ein großes kosmisches Drama vorstellen, bei dem wir von Anfang an präsent waren, weil die Materie, aus der wir bestehen, damals entstand. Dieses Drama, dessen Mitspieler wir sind, besteht aus fünf großen Akten.

Der erste Akt spielt vor ungefähr fünfzehn Milliarden Jahren. Hier handelt es sich um ein gewaltiges kosmisches Ereignis. In einer unvorstellbaren Explosion entsteht der Kosmos, entstehen Raum und Zeit. Unmittelbar nach dieser kosmischen Geburt dehnt sich das Weltall aus. Von Anfang an zeigt der Kosmos eine wunderbare schöpferische Energie. Er schafft sich selbst und beginnt eine ununterbrochene Kette von Experimenten. Die Kreativität dieses Prozesses ist erstaunlich; sie entfaltet sich in den folgenden vier weiteren Akten.

Der zweite Akt ist ein chemischer Prozess. Vor zehn Milliarden Jahren bildeten sich die schweren Elemente, aus denen alle heute existierenden Wesen bestehen, wie z. B. Sauerstoff, Kohlenstoff, Silicium und Stickstoff. Infolge des Urknalls waren diese Elemente überall im Weltraum präsent. Sie bildeten die Galaxien und Sterne, Sonne, Erde und Planeten. Heute zirkulieren alle diese chemischen Elemente außerdem in unserem Körper, in unserem Blutkreislauf und in unserem Nervensystem.

Der dritte Akt ist biologischer Natur. Aus der Materie, vielleicht aus dem mit Mineralien angereicherten Wasser, bildet sich vor knapp vier Milliarden Jahren das Leben. Zunächst sicherlich in Form von Mikroben und Algen, im Laufe der Zeit aber dann in all seinen Formen, als Pflanzen und Tiere. Immer wieder kommt es zu großen Katastrophen, die Teile des Lebens auslöschen, aber das Leben geht nie völlig unter. Es entwickelt vielmehr eine unbeschreibliche Vielfalt, bis zu unserer Zeit.

EINLEITUNG

Im vierten Akt betritt der Mensch die Szene. Das erste menschliche Leben entsteht vor ungefähr 10 Millionen Jahren in Afrika. Von dort breitet es sich über alle Erdteile aus, bis in den letzten Winkel der Erde. Charakteristikum des Menschen ist seine erstaunliche Flexibilität. Er passt sich allen Klimazonen an, vom ewigen Eis an den Polen bis zu den Wüsten und dem tropischen Regenwald. Aber auch in der vertikalen Dimension zeigt der Mensch seine Anpassungsfähigkeit. In Bergwerken dringt er tief in das Innere der Erde ein, und in unserer Zeit stößt er in den Weltraum vor, bis auf den Mond. Die Triumphe des Homo Faber erweisen sich jedoch als riskante Unternehmungen. Am Ende des vierten Aktes entsteht die große ökologische Krise.

Deshalb geht es im fünften Akt darum, dass der Mensch aus dieser Krise lernt. Im fünften Akt geht es um die Heilung unseres Planeten. Die über den ganzen Globus verstreute Menschheit hat die Aufgabe, wieder in das gemeinsame Haus zurückzukehren, das die Erde ist. Die Menschheit hat die Aufgabe, ihre Verantwortung wahrzunehmen und all ihr Wissen und ihren guten Willen dafür einzusetzen, dass eine neue Etappe der Evolution eingeleitet und Frieden geschlossen wird zwischen den Menschen und allem, was nicht menschlich ist. Um das schaffen zu können, müssen wir uns daran erinnern, dass wir aus Erde sind und zur Erde gehören. Wir haben die Aufgabe, alles zu benutzen, was wir im Laufe der Geschichte erworben haben, unser naturwissenschaftliches Verständnis für das Leben, unsere historischen Kenntnisse der Evolution und der Geschichte und unsere psychologische Bereitschaft, mit allem mitzufühlen, was existiert. Diese Fähigkeit zur Empathie wird eine entscheidende Rolle spielen, dass wir wieder mehr Zuneigung und Respekt entwickeln für die Erde, für Luft und Wasser, für Tiere und Pflanzen. Wir müssen wieder die Fähigkeit entwickeln, über das Leben zu staunen und uns verzaubern zu lassen von den Landschaften der Erde und von der Schönheit des Kosmos.

Und die neue Einstellung zur Erde bedeutet auch eine neue Einstellung zur eigenen Körperlichkeit. Die Erde lieben bedeutet zu bemerken, welches Wunder stattfindet, wenn wir atmen, wenn wir den Duft der Blumen spüren und wie schön es ist, dass wir uns bewegen können und in der Lage sind, Berge zu besteigen und im Meer zu schwimmen. Wenn wir die Erde lieben, dann werden wir uns in eine komplexe Gemeinschaft mit all den anderen Söhnen und Töchtern der Erde eingebettet fühlen. Wir werden Respekt haben vor der unendlichen Zahl von Mikroorganismen, die über 90 Prozent des Lebens ausmachen, und für die unübersehbare Zahl von Insekten, die die Grundlage für die Vielfalt des Lebens bilden. Wir werden üben, zu fühlen wie ein Fluss, zu denken wie die Bäume, die uns atmen lassen. Wir werden uns an Säugetieren, Vögeln und Fischen freuen, die unsere Weggefährten sind und die, genau wie wir selbst, jene zwanzig zur Entstehung des Lebens notwendigen Aminosäuren in sich tragen. Und vielleicht gelingt es uns, dass wir uns immer wieder und zunehmend als Erde fühlen und eintauchen in eine planetarische Gemeinschaft mit der gesamten Schöpfung. Das bedeutet, dass wir eine neue Spiritualität entwickeln und das Bedürfnis, nicht nur unsere Freiheit auszuleben, sondern auch mit Regen und Wind, mit Sonnenaufgang und mit den Jahreszeiten zu verschmelzen.

Planetarisches Bewusstsein

Die Menschheit hat sich in den letzten 2.500 Jahren mit der klassischen Frage herumgeschlagen, wer wir sind, was unsere Bestimmung auf dieser Erde ist und welche Art die Realität ist, in der wir leben. Und weil das abendländische Denken geschichtsorientiert ist, wurde eine Entwicklungstheorie aufgestellt, nach der unser Selbst verschiedene Stufen erreichen kann. Zuerst entwickeln wir unser Ego. Das Ego hat die Aufgabe, sich aus den Bindungen an die Eltern zu lösen und Freiheit und Autonomie zu entwickeln. Dazu gehört, dass wir unseren Willen kultivieren, dass wir Ja und Nein sagen können, dass wir unsere eigenen Ziele ins Auge fassen. Und da unsere Kultur großen Wert auf Unabhängigkeit, Kompetenz und Wettbewerb legt, wird dieser Aspekt unserer Entwicklung betont und bewusst oder unbewusst gefördert, von Eltern, Pädagogen und Therapeuten. Parallel zu unserem Ego, mit dem wir unsere Interessen vertreten, entwickeln wir unser soziales Selbst, dessen Aufgabe es ist, Beziehungen zu entwickeln, Verantwortungsgefühl und ein ethisches Bewusstsein zu kultivieren, Einfühlungsvermögen zu lernen und andere Menschen lieben zu können. Das alles sind sehr komplexe Aufgaben, daher braucht unser soziales Selbst eine lange Entwicklungszeit.

Die dritte Entwicklungsstufe ist unser metaphysisches Selbst, das den Reifungsprozess der Persönlichkeit krönt. Das metaphysische Selbst beschäftigt sich mit Themen, die in Religion, Philosophie und Kunst die zentrale Rolle spielen. Es geht um unser Verhältnis zu höheren Mächten, den Fragen nach dem Sinn des Daseins, nach dem Ziel der Geschichte, nach unserer Stellung im Kosmos.

Aber in diesem Modell des Selbst fehlt etwas. Das, was uns umgibt, kommt darin nicht vor. Dabei wissen wir, wie sehr kleine Kinder bereits an ihrem Elternhaus hängen, an ihrem Garten, den Plätzen, wo sie spielen. Wir wissen auch, wie sehr sich kleine Kinder mit anderen Lebewesen identifizieren, wie sehr sie Haustiere lieben oder die Tiere, die in Bilderbüchern und Märchen vorkommen. Von Anfang an leben wir von und mit der Natur. Die zwischenmenschlichen Beziehungen und die Gesellschaft sind zweifellos wichtig für uns; die Fragen nach Himmel und Hölle, Gott und Teufel, Engeln und Heiligen sind auch für Kinder bereits relevant, aber unser Selbst ist viel umfassender. Von Kindesbeinen an identifizieren wir uns mit allem, was in unserer Umgebung vorkommt – mit Wind und Regen, mit Tag und Nacht, mit Blumen und Bäumen, mit Steinen und Gräsern, mit Orten und natürlich mit Tieren aller Art. Darum hat der norwegische Philosoph Arne Naess der Entwicklungspsychologie einen bedeutenden Dienst erwiesen, als er das Konzept des ökologischen Selbst einführte. Unser ökologisches Selbst kann sich nicht nur mit Menschen identifizieren, sondern mit allen Lebewesen und mit allen Ausdrucksformen der Natur.

Das ökologische Selbst zeigt sich bereits sehr früh. Es zeigt sich in den sinnlichen Interessen des Kindes, das seine Umgebung aufmerksam betrachtet, das empfänglich ist für Klänge, Berührungen und Gerüche, das vom eigenen Körper fasziniert ist und von der Körperlichkeit von Menschen und Tieren seiner Umgebung, das sich von Licht und Dunkelheit beeindrucken lässt und von Rhythmen, die es in seiner Umgebung erlebt. Aber auch unser ökologisches Selbst braucht viele Jahre, um zu reifen. Am Anfang erlebt das Kind die Dinge der

Natur nach dem Modell der eigenen Familie, sozusagen als „Brüder" und „Schwestern". Diese enge Beziehung tritt später etwas in den Hintergrund, vermutlich, weil das Kind in unserer Kultur Lernangebote bekommt, die die Natur verdinglichen. Später, als Jugendliche oder junge Erwachsene sind wir bewusster und wieder eher bereit, auf die Bedürfnisse unseres ökologischen Selbst einzugehen.

Das Konzept des ökologischen Selbst ist noch verhältnismäßig unbekannt. Ich glaube, dass es große Bedeutung bekommen kann für die Art und Weise, wie wir unsere Kinder großziehen, wie wir Schule gestalten oder Therapie durchführen. Und natürlich haben die Überlegungen von Arne Naess auch große Bedeutung für die gesamte Ökologiebewegung. Ich glaube, dass Appelle an die Menschen, ihren Konsum einzuschränken, auf die Natur Rücksicht zu nehmen und die Ressourcen des Planeten zu schonen, immer problematisch sein werden. Solche moralischen Appelle werden leicht als Bevormundung verstanden. Viel aussichtsreicher scheint es mir, wenn wir uns bemühen, schon bei unseren Kindern die angeborene Bereitschaft zur Identifikation mit der Natur zu fördern.

Kurze Anmerkungen zu den Phantasiereisen

1. Ich habe darauf geachtet, dass alle Phantasiereisen einen positiven Fokus haben. Die Teilnehmer sollen die Schönheit und die Weisheit der Natur innerlich erleben und Lust bekommen, sich in Zukunft stärker auf die Natur einzulassen. Ich möchte, dass die Teilnehmer durchlässiger werden für alles, was die Natur uns schenkt oder mitteilt. Der Weg zu einem veränderten Naturerleben geht über positive Emotionen. Darum ist es mir wichtig, dass die Teilnehmer die Phantasiereisen genießen können und an keiner Stelle erschreckt oder verletzt werden.

2. Mir ist bewusst, dass die Natur auch eine dunkle, unheimliche und zerstörerische Seite hat. Neben viel Licht hat sie auch viel Schatten, wie wir Menschen. Diesen Aspekt habe ich in den Phantasiereisen bewusst ausgelassen. Wenn Sie mit Ihren Teilnehmern daran arbeiten wollen, eignen sich andere psychologische Techniken, wie

z. B. Geschichten, kreatives Schreiben, kreatives Malen, Simulation, Rollenspiel usw.

3. In vielen Phantasiereisen lade ich die Teilnehmer dazu ein, sich mit nichtmenschlichen Lebensformen und Existenzen zu identifizieren, z. B. mit einem Findling, mit Feuer und Wind, mit einer Fledermaus oder mit einer Raupe. Damit knüpfe ich an unser aller angeborene Fähigkeit an, uns nicht nur in Menschen, sondern auch in Tiere und Gegenstände einzufühlen.

In anderen Phantasiereisen werden die Teilnehmer dazu eingeladen, sich in die Natur zu begeben bzw. der Natur gegenüberzutreten. Sie können dann die Natur als Geheimnis und als Herausforderung erleben, und am Ende jeder Phantasiereise haben sie die Natur als wohlwollendes und weises Du erlebt, als ein Gegenüber.

4. Die Phantasiereisen sind so angelegt, dass die Teilnehmer von der Natur lernen können. Durch die Identifikation, durch die emotionale Beziehung, die aufgebaut wird, können die Teilnehmer wichtige Einsichten gewinnen. In der Regel sind diese Einsichten nicht vorformuliert. Sie kommen als Metaphern oder als Bilder, Geschenke und Einsichten, die das Unbewusste der Teilnehmer selbst bereitstellt. Dabei ist die Natur der diskret wirkende, weise Lehrer, der unterweist, ohne zu belehren. Damit folgen die Phantasiereisen einer Tradition, die weit in unsere evolutionäre Entwicklung zurückreicht. Unsere Vorfahren haben unendlich viel von der Natur gelernt – durch Beobachtung, durch Einfühlung, durch ihre Bereitschaft, sich von der Natur führen zu lassen, nicht nur bei ihren Migrationen, sondern auch bei der Suche nach einem besseren Selbst- und Weltverständnis.

5. Sie finden in diesem Buch ganz einfache Phantasiereisen, die schon für Kinder geeignet sind. Andererseits finden Sie hoch komplexe und umfangreiche Phantasiereisen, die sich explizit an Erwachsene wenden. Die meisten eignen sich jedoch bereits für jugendliche Teilnehmer.

6. Alle Phantasiereisen wenden sich an unsere Fähigkeit zu Visualisierung und Imagination. Aber es wird nicht nur die Fähigkeit angesprochen, innere Bilder zu sehen, auch die anderen Sinne werden immer wieder angesprochen: unser kinästhetischer Sinn, unser Ge-

schmackssinn, unsere Fähigkeit, uns Klänge und Geräusche vorzustellen und unser Tastsinn. Einzelne Phantasiereisen integrieren Elemente aus Meditation und Ritualen. Besonders die rituellen Elemente können das Erleben steigern und dazu beitragen, dass sich die Gruppe als Einheit empfindet.

7. Viele Phantasiereisen haben einen vorgeschalteten Entspannungsteil. Bei einfacheren Phantasiereisen habe ich darauf verzichtet. Wenn Sie eine solche entspannende Einleitung für Ihre Gruppe benutzen wollen, dann können Sie auf das Modell zurückgreifen, das im Anschluss an die Einleitung (Seite 19) vorgeschlagen wird. Dort (Seite 20) finden Sie auch eine kurze Übung, die den Teilnehmern demonstriert, wie Visualisierung und Imagination funktionieren.

8. Die Phantasiereisen eignen sich für Gruppenarbeit und für Lernprozesse in vielen Zusammenhängen, insbesondere, wenn es um eine der folgenden Disziplinen geht: Religion, Philosophie, Anthropologie, Ökologie, Biologie.

9. Wählen Sie Phantasiereisen aus, die zur Gruppensituation, zu den Interessen und zum Reifegrad Ihrer Teilnehmer passen. Außerdem ist es wichtig, dass diese an der richtigen Stelle im Lernprozess eingesetzt werden. Vor allem ist es für den Erfolg entscheidend, dass Sie nur solche Phantasiereisen benutzen, von denen Sie sich selbst inspiriert fühlen, denn nur dann hat Ihre Stimme das Potential, die Teilnehmer zu begleiten.

10. Ich empfehle Ihnen, den Text zunächst für sich ein paar Mal laut zu sprechen. Auf diese Weise werden Sie das passende Tempo, den passenden Stimmklang und einen guten Rhythmus zwischen Text und Pausen finden. Sie können dann auch entscheiden, ob Sie kleine Veränderungen im Text vornehmen wollen.

11. Überlegen Sie auch vorher, was nach einer Phantasiereise geschehen soll. Sollen die Teilnehmer nur ein kurzes Feedback darüber geben, welche Gefühle und Stimmungen in ihnen entstanden sind? Oder, wenn eine Auswertung gemacht werden soll, in welcher Form soll das geschehen? Planen Sie eine Anschlussaktivität, um den Impuls der Phantasiereise zu verstärken oder zu übertragen? Wollen Sie mit einer kontrastierenden Aktivität weitermachen?

12. Diese Phantasiereisen sind eine Einladung an das ökologische Selbst der Teilnehmer, sich nicht als Fremdling in einer Welt zu fühlen, die in weiten Teilen durch materielles Gewinnstreben, durch Konkurrenz und Einsamkeit geprägt ist, eine Einladung, neu zu entdecken, dass die Erde das Haus ist, in dem wir immer schon leben. Diese Einsicht kann sehr heilsam sein, weil sie die Angst reduziert, unter der so viele Menschen leiden.

Ich wünsche mir und diesem Buch viele Gruppenleiter aus allen Bereichen, die damit verständnisvoll arbeiten.

Und Ihnen wünsche ich, dass Sie in Ihren Gruppen damit Erfolg haben, aber vor allem, dass Sie sich selbst zunehmend rückverbunden fühlen mit der Natur und mit unserem kleinen, schöpferischen Planeten.

Klaus W. Vopel
Salzhausen, im Mai 2001

Entspannung

Such dir eine bequeme Körperhaltung, bei der deine Wirbelsäule ganz gerade sein kann. Nun schließ die Augen...

Konzentriere deine Aufmerksamkeit zunächst auf deinen Atem... Lass deinen Atem zuerst in deinen Bauch fließen... und dann in deine Brust, so dass dein Atem auch die beiden Hörner deiner Lunge erreicht...

Lass deinen Atem so leicht hinausströmen, wie er hereingekommen ist... Seufze leise, während du ausatmest, und achte darauf, dass wirklich alle verbrauchte Luft hinausströmen kann...

Und lass den neuen Atem in dich hineinströmen... ohne Eile und ohne Anstrengung...

Bemerke nun, welche Teile deines Körpers in Kontakt mit dem Boden und mit dem Stuhl sind... Überall wo dein Körper unterstützt wird, kannst du ein bisschen locker lassen... Stell dir vor, dass sich der Untergrund – der Stuhl oder der Boden – dir entgegenstreckt, um dich liebevoll zu halten... Entspanne alle Muskeln, die du vorher dazu benutzt hast, um dich selbst zu halten...

Innere Bilder sehen

Such dir eine bequeme Körperhaltung, bei der deine Wirbelsäule ganz gerade sein kann. Nun schließ die Augen... Konzentriere dich eine Weile auf deinen Atem...

Stell dir nun eine große, weiße Kinoleinwand vor... Lass auf der Leinwand irgendeine Blume erscheinen... Nimm diese Blume von der Leinwand weg und ersetze sie durch eine weiße Rose...

Nun verändere die Farbe dieser weißen Rose und mache eine rote Rose daraus... Wenn das schwer ist für dich, kannst du dir vorstellen, dass du einen Pinsel nimmst und die Rose rot anmalst, wie du das von „Alice im Wunderland" kennst...

Nimm die Rose weg und stell dir den Raum vor, in dem du jetzt bist: die Fenster, die Türen, die Möbel, den Fußboden, die Farben, die Beleuchtung...

Nun kannst du dich von der Macht deiner Phantasie überzeugen: Stell das Bild auf den Kopf... Sieh, wie die Möbel von der Decke herabhängen...

Wenn das noch zu ungewohnt für dich ist, kannst du dir vorstellen, dass du selbst oben an der Decke schwebst und von dort auf den Raum und die Möbel herabschaust...

Nun stell dir wieder die leere, weiße Leinwand vor... Setze einen blauen Filter in die Lichtquelle ein, so dass die ganze Leinwand leuchtend blau wird... Nimm einen neuen Filter und färbe die Leinwand rot... Nun färbe die Leinwand grün... Jetzt hast du etwas Zeit, irgendein Muster deiner eigenen Wahl auf die Leinwand zu malen... Du kannst dabei Farben benutzen, die du gern hast...

Diese Übung kannst du auch für dich immer wieder anwenden, wenn du etwas Zeit hast, wenn du warten musst und etwas Unterhaltung brauchst. Dann kannst du alle möglichen Dinge auf die Leinwand zaubern. Und du kannst dich auch überraschen lassen, welche Bilder ganz von selbst aus der Tiefe deiner Phantasie und Kreativität kommen...

Die Elemente

Der Findling

Sei ein Findling, der auf einer weiten Heidefläche liegt... Spüre, wie die Sonne gleichmäßig auf deine glatte Oberfläche herabscheint... Spüre unter dir die kühle Erde... Spüre, wie sich die Wärme der Sonne und die Kühle der Erde tief in deinem Innern vermischen...

Bemerke die leichte Berührung, wenn jetzt ein Blatt vom Wind über deine Oberfläche geweht wird... Irgendein Vogel entschließt sich, auf dir zu landen... Bemerke, dass sich das Gewicht des Vogels ganz anders anfühlt als die Berührung durch das Blatt... Spüre, wie du dich durch die Wärme der Sonne ein wenig ausdehnst. Bemerke, dass du im Innern aus vielen, vielen Kristallen zusammengesetzt bist, die dir etwas Zartes geben... Und nun pressen sich die Füße des Vogels stärker auf deine rauhe Oberfläche; der Vogel breitet seine Schwingen aus und schwingt sich in die Luft, um seine Reise fortzusetzen, ausgeruht und erfrischt... Deine Oberseite liegt wieder ganz glatt und glänzend da... Die Sonnenstrahlen wärmen dich nicht überall. Ein Baum in der Nähe wirft ein Schattenmuster auf deine Oberfläche...

Nun kannst du bemerken, wie die Schatten länger werden... Der Abend kommt, und langsam wird es dunkel... Eine Weile spürst du noch die Wärme der Sonne, die du in dich aufgesogen hast, aber allmählich bist du ganz eingehüllt von der Kühle der Nacht, und irgendwann bist du so kühl wie die Nachtluft... Jetzt glitzert das Mondlicht in deinen bunten Kristallen... Um dich hörst du die Tiere der Nacht... In der Ferne ertönt der Schrei eines Käuzchens, und manchmal läuft irgendein kleines Tier über dich... Vielleicht spürst du die zarten Füßchen eines Nachtfalters, oder du spürst, wie ein Käfer auf dir herumkrabbelt...

Du kannst dich jetzt ausruhen... Du kannst den Frieden genießen und die Stille... Du bist ganz zufrieden mit diesem Platz, den du in der Welt gefunden hast, und kannst geduldig auf den Sonnenaufgang warten... Du weißt, dass dieser Zyklus sich immer wiederholt, die

Wärme des Tages und die Kühle der Nacht... Und dieser Wechsel ist in den Kreislauf der Jahreszeiten eingebettet... Du kennst diesen Kreislauf der Natur seit Jahren... seit Jahrzehnten... seit Jahrhunderten... seit Tausenden von Jahren... Aber es ist dir auch recht, wenn irgendwann etwas Neues deine Existenz verändert. Du kannst ganz gelassen abwarten und dich überraschen lassen, wie es dann mit dir weitergeht...

Der Wind

Sei der Wind... Sei ein kräftiger Wind, der um die Ecken der Häuser braust und durch die Zweige der Bäume... Spüre, wie du dein Tempo wechselst, mal langsamer bläst und dann wieder in kräftigen Stößen... Spüre deine Macht... Such dir einen kräftigen Baum, gegen den du anrennst... Blase so stark, dass sich der Baum biegt und hin und her schwingt... Blase über weite Weizenfelder, und sei so stark, dass sich all die Millionen Halme zur Seite legen... Welle auf Welle...

Sei der Wind, der den Regen vor sich her treibt, so dass er schräg zur Erde fällt... Sei der Wind, der die Schneeflocken herumtanzen lässt, ihren Fall bremst, so dass sie an unerwarteten Stellen landen... Genieße es, wenn du über den Strand jagst und Tausende von Sandkörnchen vor dir her treibst... Lass die Möwen auf deiner ungestümen Stärke reiten und spüre deine gewaltige Kraft, wenn du gegen ein Steilufer prallst...

Manchmal hast du Lust, einfach zu spielen... Spiele mit einem fallenden Blatt... Lass es herumwirbeln... lass es hoch aufsteigen... halte deinen Atem an und sieh zu, wie das Blatt herabkreiselt... Ehe es den Boden erreicht hat, möchtest du es vielleicht weiter vor dir hertreiben und es mit kräftigen Stößen hoch aufwirbeln lassen...

Spielen kannst du auch auf dem glatten Spiegel eines großen Sees. Hier kannst du Muster auf das Wasser malen... Du kannst dafür sorgen, dass sich das Wasser kräuselt... dann kannst du wieder aufsteigen und zusehen, wie der See zur Ruhe kommt und still daliegt... Ziehe weiter und blase über das Meer... Gib einem schneeweißen Albatros Halt, damit er auf dir reiten kann... Wühle das Meer auf und lass hohe Wellenberge entstehen, die von dir angeschoben zu fernen Küsten eilen...

Spüre nun, dass du auch sanft sein kannst. Sei ein zarter Wind, der den Duft von frisch gemähtem Gras verbreitet und der die Samen von Löwenzahn und Disteln sanft mit sich trägt... Spüre, wie milde du als warme Frühlingsbrise sein kannst, über die sich Tiere, Pflanzen und

Menschen freuen... Lass dich einatmen... Spüre, wie du Freude und Hoffnung bringst, während du vorbeiwehst... Spüre, wie du deine sanfte Wärme weitergibst an das Gras... an einen Baum... an einen Bach... Spüre, wie sich das Sonnenlicht vermischt mit deiner eigenen, sanften Stärke...

Bemerke auch, wie du alles miteinander verbindest: das Wasser... die Erde... den Himmel...

Das Wasser

Sei Wasser... Sei kristallklares Wasser in einem Waldsee... Du bist durchsichtig bis auf den Grund, und oben auf deiner Oberfläche funkelt das Licht der Sonnenstrahlen... Du bist ganz ruhig und still... In dir gibt es unendlich viele Lebewesen. Bemerke, wie sie sich alle in dir bewegen, auch wenn deine Wasseroberfläche ganz glatt ist, so dass du Wolken und Bäume spiegelst... Unten auf deinem Grund wachsen grüne Pflanzen, in denen sich kleine Fische verstecken... Spüre, wie langbeinige Wasserläufer oben auf dir herumlaufen und winzige Wellen machen, die schnell zur Ruhe kommen...

Nun sei das Wasser eines kleinen Baches, das über Steine und kleine Felsen plätschert... Höre dein sanftes Murmeln, wenn du auf die Steine triffst... Du strömst über die flacheren hinweg, und um die großen musst du herumfließen... In vielen Jahren hast du diese Steine ganz glatt gemacht... Merke, wie du allmählich schneller wirst, weil der Bach jetzt einen Berg hinabfließt... Du begegnest nun größeren Felsen, und hier und da sammelst du dich in tiefen Becken... Spüre, wie deine Kraft stärker wird, wenn du steil hinabfließt... Spüre, wie du gegen die Hindernisse prallst... In Tausenden von Jahren hast du dir diesen Weg gebahnt und dich in den Fels eingegraben...

Unten am Fuß des Berges lässt du die Felsen hinter dir zurück, du strömst langsamer durch weite Wiesen... Bemerke den Gesang der Vögel... Bemerke, wie hier und da Tiere kommen, um aus dir zu trinken... Du freust dich, wenn du ihnen helfen kannst, ihren Durst zu stillen... An einigen Stellen hast du am Ufer kleine Höhlen ausgewaschen, und dort drehst du dich munter in kleinen Strudeln...

Nun bemerke, dass du ein wenig schneller wirst und in einen breiten, mächtigen Fluss hineinfließt... Während sich dein Wasser mit dem Wasser des Flusses verbindet, kannst du deutlich spüren, dass du jetzt auf ein Ziel zuströmst... Deine Kraft ist jetzt noch gewaltiger, und du hast das Gefühl, dass du von den mächtigen Wassermassen mitgerissen wirst... Wenn sich das Bett des Flusses verengt, wirst du schneller... Deine Stimme wird tiefer, und nichts kann dich auf deiner langen Reise zum Meer aufhalten... Jetzt bist du die Heimat für viele verschiedene Tiere geworden: Lachse, Otter, Biber, Flusskrebse fühlen sich wohl in deinem Element, und manchmal trägst du kleine Boote und Schwimmer...

Die Sonne scheint warm auf dich, und du merkst, dass du an der Oberfläche viel wärmer bist als unten am Grund... Nun bemerkst du, dass ein kleines Wunder geschieht. Du verwandelst deine Form, du schwebst frei nach oben, in winzigen Tröpfchen wie ein feiner, unsichtbarer Nebel, der höher und höher aufsteigt... Und plötzlich hast du ein Gefühl der Freiheit und der Leichtigkeit... Du steigst höher und höher in den Himmel und bemerkst, dass von anderen Seiten ebenfalls dieser durchsichtige, feine Nebel kommt und sich mit dir verbindet... Ganz langsam bildet sich eine wunderschöne, weiße Wolke... Genieße dieses reine Weiß vor dem blauen Himmel... Sei diese Wolke, die langsam über den Himmel zieht, an den Rändern vermischt sich dein Weiß mit dem Blau des Himmels. Vielleicht hast du irgendeine besondere Form, so dass sich die Kinder auf der Erde tief unter dir an irgendeine Gestalt aus dem Märchen erinnert fühlen... Langsam ziehst du weiter, vorangetrieben von einem sanften Wind.

Jetzt bemerkst du, dass sich die Temperatur um dich herum verändert, dunkle Wolken schieben sich vor die Sonne, und du wechselst deine Farbe und wirst auch ganz grau... In dieser Kälte ziehst du dich zusammen, und du spürst, dass du dich wieder veränderst. Du hast nicht mehr das Gefühl von Leichtigkeit, sondern du spürst dein eigenes Gewicht... Die Schwerkraft zieht dich nach unten. Viele winzige Tröpfchen verbinden sich plötzlich miteinander, und du nimmst wieder deine alte Gestalt an – dicke Wassertropfen entstehen. Und du bemerkst, wie du schwerer und schwerer wirst und spürst, dass du dich ganz deutlich in eine Richtung bewegst. Als Regen stürzt du nun auf die Erde zu... Unter dir liegt ein Teich... Spüre, wie du auf die Wasseroberfläche prallst und kleine Wellen auslöst, die sich mit anderen kleinen Wellen überkreuzen und die Oberfläche des Teiches in kleine Hügel und Täler verwandeln. Spüre, wie du dich mit dem Wasser des Teiches verbindest... Schließlich wird das Wasser des Teiches wieder still... Du wirst kristallklar, durchsichtig und reflektierend... Sei wieder der Spiegel für Himmel, Bäume und Wolken... Ruh dich aus von deiner Reise... Du weißt jetzt, dass du eine Weile hier bleiben kannst, ehe du von neuem aufbrichst... Du musst immer in Bewegung bleiben... Du bist frei... Nichts kann dich festhalten... Und nur so kannst du deine Bestimmung erfüllen, Leben und Wachstum zu schenken...

Die Erde

Stell dir vor, dass du ein Teil der Erde wirst... Wie das weite Meer ermöglichst du vielen Kreaturen das Leben... Spüre deine feuchte Dunkelheit und all die Nährstoffe in dir, die so vielen Lebensformen eine Heimat geben, Schutz, Nahrung und Wohnung... Spüre die Wurzeln des Grases, der Pflanzen und Bäume, die tief in dich hineinreichen, um Halt zu finden, Wasser und Nährstoffe... Spüre, wie sich die Wurzeln eines großen Baumes in dir festkrallen, wenn er von einem starken Wind hin und her geschüttelt wird...

Stell dir nun vor, dass du Teil eines hohen Kliffs bist, das sich über dem Strand erhebt... Lehm mischt sich mit Tonschiefer und in deiner Steilwand haben sich Büsche und Gräser mit ihren Wurzeln festgesetzt... Manchmal lösen sich kleine Teile aus deinen Rissen und Furchen, die hinabrollen, bis sie atemlos auf dem Strand ankommen. Mutiger Löwenzahn hat sich auf kleinen Vorsprüngen eingenistet und lässt seine gelben Blüten überall aufleuchten, umgeben von grünen Flechten und Moosen, die versuchen, deiner Erde Halt zu geben...

Sei nun Teil des feinen Sandstrandes, gegen den die Wellen des Ozeans anrollen... Spüre die wärmende Kraft der Sonne, die die unzähligen Sandkörnchen zum Glitzern bringt... Spüre das Gewicht von kleinen Felsbrocken, alten Balken und Treibgut, die das Meer auf dir zurückgelassen hat... Bemerke, wie Strandwanderer über dich hinwegstapfen und ihre Spuren in dich einprägen... Spüre, wie es sich anfühlt, wenn die steigende Flut dich benetzt, deine Oberfläche glättet und dir eine dunklere Farbe gibt... Hier und da lässt das Wasser Schaumstreifen auf dir zurück... Wie fühlt es sich an, wenn eine Möwe an deiner Wasserlinie herumspaziert, um nach kleinen Krebsen und Muscheln zu suchen?...

Sei nun Teil einer Tonschicht... Spüre, wie schwer du bist, wie kompakt, wie kühl... Die Wurzeln müssen sich anstrengen, um in deine Tiefe einzudringen... Genieße, dass du so stark bist, undurchdringlich für das Wasser... Du bist ein guter Nährboden, der die Pflanzen üppig wuchern lässt... Bemerke, wie ein großer, wilder

Rosenstrauch seinen Platz auf dir gefunden hat, über und über besät mit weiß-rosa Blüten...

Nun stell dir vor, dass du Schlamm unter einem Sumpf bist, eine weiche, trübe Masse... durch und durch braun, dunkel und kühl... Hier und da steigt Wasser aus dir nach oben und bildet kleine Tümpel mitten im Moor... In ihnen spiegelt sich der blaue Himmel und das Profil von Erlen und Birken... Manchmal fällt ein Sonnenstrahl in das Oberflächenwasser und kommt bis in deine Nähe... Du freust dich, wenn die Wurzeln der Bäume dich erreichen und sich durch dich hindurch in den festen Grund schieben. Die Festigkeit der Wurzeln empfindest du als Kontrast und als Anregung. Du versorgst sie reichlich mit Wasser und Nährstoffen...

Sei jetzt ein Teil des Meeresbodens – unermesslich weit, still und dunkel... Große ebene Flächen wechseln ab mit tiefen Gräben und majestätischen Bergen... An einigen Stellen steigen heiße Quellen aus dem Inneren der Erde auf... Nur du kennst all die geheimnisvollen Lebewesen, die seit Jahrmillionen dort ihren Platz haben... Spüre den Druck des Ozeans auf dir, den du mühelos mit deiner Festigkeit trägst... Spüre den Austausch von Energie auf deiner Oberfläche... Nur ganz selten spürst du ein feines Zittern, wenn die großen Platten der Erdrinde sich bewegen...

Und nun dehne dein Bewusstsein aus und verbinde dich mit der gesamten Oberfläche der Erde... Spüre, wie vielgestaltig die Erdrinde unseres Planeten ist... Spüre deine Höhen und Tiefen, die Ozeane und Wüsten, die Wälder und Steppen... Spüre das Licht der Sonne auf dir... Wind und Stürme und die weiten, mit Wasser bedeckten Flächen... Spüre, wie du um die Sonne kreist, gemeinsam mit den anderen Planeten, auf den immer gleichen Umlaufbahnen... Empfinde die Schönheit dieser Erde...

Das Feuer

Stell dir vor, dass du ein Feuer bist – heiß und leuchtend... Deine Flammen sind orangerot... Spüre deinen wilden Tanz, während du ein großes Holzscheit mit deiner Flammenkrone umgibst... Überall suchst du nach kleinen Ritzen und Spalten, um dich dort einzunisten... Dunkelrot glühende Kohlen geben dir Kraft und Ausdauer... Deine unglaubliche Hitze lässt immer wieder kleine, blaue Blitze durch deine gelb-roten Flammen zucken... Unermüdlich und mit großem Appetit verzehrst du Äste und Holzscheite und verwandelst sie in glühende Holzkohle, umgeben von grauer Asche... Deine strahlende Wärme sorgt dafür, dass nur dünner, weißer Rauch aufsteigt... Ab und zu ist deine Stimme zu hören – ein Knacken, Knistern und Fauchen und ein Grollen, wenn gerade ein frisches Holzscheit aufgelegt wurde...

Du bist ein gezähmtes Feuer in einem Kamin... Spüre, dass du willkommen bist... Am Anfang bist du noch unsichtbar gewesen... Holzspäne, kleine Zweige, Tannenzapfen und einige Holzscheite lagen für deine Geburt bereit... Gespannt wurdest du erwartet, und weil die Feuerstelle dir feste Grenzen setzte, hatte niemand Angst vor dir... Spüre, wie angenehm es ist, deine Wärme in sicheren Grenzen mitzuteilen und ein Begleiter zu sein für Menschen und Haustiere... Schick die Strahlen deiner Wärme auf Gesichter, Hände und Körper... Lass die Luft um dich herum warm werden und schenke Geborgenheit und Schutz vor der Kälte...

Nun sei ein Feuer, das in der Steppe entsteht... Ein unendlich heißer Blitz hat das trockene Gras getroffen, das im Handumdrehen in hellen Flammen steht... Diesmal gibt es keine Grenzen für dich. Niemand ist da, um dich zu kontrollieren... Hungrig stürzt du dich auf alles, was du erreichen kannst – auf das trockene Gras, auf Büsche und Bäume, auf tote Äste und verdorrte Samen und Zapfen... Begrüße den Wind, der dir bei deiner Arbeit hilft und dich vorantreibt und immer schneller werden lässt... Bemerke dein Temperament und deine Energie und deine von Augenblick zu Augenblick größer werdende Gewalt... Ganze Büsche und sogar Bäume kannst du im Handumdrehen entflammen... Vor dir fliehen die Tiere... Du bist überall... Deine gewaltige Energie entfacht einen heißen Sturm, der grollend ohne Rast und Ruh voranstürmt... Jetzt hast du das Ufer des Flusses erreicht... und deine Kraft wird schwächer... Übrig bleibt Glut, die hellen Rauch aufsteigen lässt... Überall kann man dich riechen... Dein Helfer, der Wind, hat sich beruhigt, und jetzt fallen dicke, große Wassertropfen vom Himmel... Zischend treffen sie deine Glut... Immer mehr Regen fällt, und du weißt, dass du deine Arbeit getan hast. Es ist viel leiser geworden, nur der Regen prasselt... Du bist müde und kommst allmählich vollständig zur Ruhe... Das Land kann auch ausruhen und darauf warten, dass sich bald neues Leben zeigen wird...

Fühlen wie ein Fluss

Setz dich bequem hin und schließ die Augen. Mach deinen Rücken ganz gerade und achte darauf, dass Arme und Beine nicht gekreuzt sind, damit die Energie in deinem Körper frei strömen kann... Nun richte deine Aufmerksamkeit auf deinen Atem... Mach ein paar langsame, gleichmäßige Atemzüge... Lass beim Ausatmen alle Spannung aus dir hinausfließen und alles, worüber du dir vielleicht Sorgen machst...

Und wenn du einatmest, dann stell dir vor, dass du die reine Energie des Universums einatmest, die deinen Körper und deinen Geist erfrischt...

Stell dir vor, dass du dich in einem grünen Bergwald befindest. Du spürst, dass dies ein heiliger Platz ist, denn die Natur hier ist völlig unberührt. Du hast das Gefühl, hier der Erde besonders nahe zu sein. Bemerke die Erde unter deinen Füßen. Spüre, wie sie dir festen Halt gibt. Sieh die hoch aufstrebenden Bäume, die sich dem Himmel entgegenrecken... Bemerke den weiten Himmel über dir, der dich mit dem Universum verbindet... Empfinde die saubere Frische der Luft, die nach Blättern, Nadeln und Wildblumen duftet...

Spüre den Frieden des Waldes und fühle dich hier zu Hause. Du bist ein Teil dieser Natur: Du fühlst dich dem stillen Fels so nahe wie den duftenden Wiesenblumen. Wenn du sorgfältig hinhörst, dann bemerkst du das Plätschern eines Baches. Es hört sich an wie eine Einladung an dich: „Komm her und genieße mein frisches Wasser."

Du ziehst einfach deine Schuhe aus und machst ein paar Schritte hinein in das Bachbett, so dass das Wasser um deine Beine strömt. Zunächst fühlt es sich kühl an, aber dann empfindest du die Temperatur als angenehm. Du entschließt dich, dem Bett des Baches zu folgen, der über bemooste Steine und manchmal über alte Baumwurzeln strömt. Langsam wird der Bach breiter und tiefer, und du fühlst dich eingeladen, ganz darin unterzutauchen, um dich zu erfrischen...

Nun lässt du dich von dem Lied des Baches mehr und mehr verzaubern. Du hörst die Einladung: „Komm fließ mit mir, begleite mich auf meiner Reise." Und ganz einfach und selbstverständlich legst du dich in das Wasser und lässt dich tragen und wiegen, weiter und weiter durch den dichten Wald... Du kannst dich so gut entspannen, dass diese Entspannung weit über alles hinausgeht, was du bisher erlebt hast. Du hast das Empfinden, dich im Wasser aufzulösen und selbst ein Teil des Wassers zu sein... Spüre, wie sich die Lebenskraft des Wassers mit deiner eigenen Lebenskraft vermischt, und wisse, dass diese Lebenskraft dich trägt und deinen Weg bestimmt. Und für eine Weile gibst du alle Sorgen auf und vertraust dich dem geheimnisvollen Wasser des immer mächtiger werdenden Baches an. Rechts und links spürst du deine Ufer, mit grünen Büschen und gelben Sumpfdotterblumen bestanden. Über dir leuchtet das Blaugrün der Bäume und dazwischen das helle Blau des Himmels. Ab und zu siehst du einen dunkelblauen Blitz, wenn ein Eisvogel über das Wasser schwirrt...

Dein innerer Rhythmus wird nun schneller und kräftiger. Du bemerkst, dass andere kleine Bäche in dich hineinfließen... du wächst und wächst. Manchmal ziehen Regenwolken auf. Ihr Wasser strömt in dich und gibt dir eine lehmige Farbe. Aber die Regengüsse gehen schnell vorbei, und dann wird dein Wasser wieder klar. Du spürst, dass du rascher fließt... du fühlst dich stärker. Du spürst eine Bewegung, die dich tiefer und tiefer aus den Bergen hinabführt. Diese klare Richtung macht es dir möglich, mehr und mehr Vertrauen zu haben. Vor dir siehst du jetzt einige große Felsen aus dem Wasser ragen. Du weißt, dass du dagegenprallen wirst, aber du akzeptierst diese Vorstellung. Ein Teil von dir fließt um die Felsen herum, ein Teil spritzt hoch auf und ergießt sich über die Felsen, aber gleich danach spürst du, dass du immer noch existierst und weiterströmst...

Nun bemerkst du, dass du kleine Kieselsteine und Sandkörner mit dir führst und in dir tanzen lässt. Sie haben dich schon lange begleitet, aber du hast sie bisher nicht bemerkt. Jetzt strömst du in eine große Höhle unter dem Ufer. Du ruhst dich eine Weile dort aus. Hier ist es ganz still. Unter den starken Wurzeln der Erlen und Weiden fühlst du dich beschützt. Aber allmählich wirst du wieder munter. Wie kannst du aus diesem sicheren Hafen herauskommen, der sich mehr und mehr wie eine Falle anfühlt? Jetzt wird auch das Sonnenlicht schwächer, und Nebel kommt auf. Eine Weile genießt du diese Abenddämmerung, die alle Farben dunkler und stumpfer macht. Schließlich spürst du aber in dir ganz deutlich die Sehnsucht nach Veränderung. Es scheint dir, als hörtest du den Ruf des Flusses, und ein kleiner Teil von dir streckt sich aus und beginnt, mit der Strömung mitzufließen. Jetzt kommst du in Bewegung und verbindest dich wieder mit der mächtigen Strömung des Wasserlaufes...

Du bemerkst, dass die Ufer mehr und mehr zurücktreten. Dein Bett wird breiter, und du kannst tief aufatmen. Inzwischen ist es Tag geworden, und du siehst die Sonne wieder. Du hast dein altes Temperament und deine alte Kraft zurückgewonnen. Du strömst schneller und schneller und kommst an Tälern, Dörfern und Städten vorbei. Manchmal wölben sich Brücken über dich, und deine Oberfläche ist so breit und glatt, dass sich Himmel und Bäume, Häuser und Türme darin spiegeln können...

In der Ferne hörst du ein lautes Rauschen, das immer stärker wird. Du fließt schneller und schneller, und deine Gefühle geraten ebenfalls in Bewegung: Vor dir ist eine Staustufe, und du wirst über sie in die Tiefe stürzen. Wie wird es dir dabei gehen? Wirst du deine innere Sicherheit, dein Selbstvertrauen und das Gefühl deiner Stärke verlieren? Immer dichter kommst du an die Staustufe heran. Du spürst Aufregung, Angst und die Unmöglichkeit, Widerstand zu leisten. Nun fällst du... tiefer und tiefer... Alles um dich herum sprudelt... Du verlierst Übersicht und Orientierung... Dann bist du unten angekommen. Dein Fall ist beendet. Allmählich kommst du wieder zu dir. Du bist immer noch da, alles was getrennt war, fließt wieder zusammen, und du spürst wieder die Richtung, in die du strömst. Jetzt weißt du, dass es weitergeht, dass du gemeinsam mit all den Wassern weiterströmen wirst bis zu deiner Mutter, dem Ozean...

Mehr und mehr spürst du, dass du Teil eines großen Flusses bist. Kräftig und unwiderstehlich strömst du dem Ozean entgegen. Weiter und weiter treten die Ufer auseinander, und du fühlst dich freier, dich auszudehnen und auszudrücken. Über dir ist das Licht von Sonne und

Mond. Stürme kommen und gehen, und viele Formen des Lebens haben ihre Heimat in dir. Immer weiter strömst du, zuversichtlich und freudig. Und vor dir hörst du den lockenden Ruf des Meeres: „Komm nach Hause, komm schnell!" Unwillkürlich bewegst du dich schneller, um dich in die Arme des Meeres zu stürzen, das dich willkommen heißt. Du vereinigst dich mit dem mütterlichen Ozean, aus dem alles Leben einmal gekommen ist. Aber du fühlst dich nicht verloren; du bist in der Weite des Wassers nicht verschwunden; du bist ein Teil des Ozeans geworden. Und du genießt Grenzenlosigkeit und Freiheit des Meeres...

Deine Reise begann hoch oben in den Bergen an einem heiligen Platz. Und auch wenn du auf viele Hindernisse getroffen bist, du hast deinen Weg gefunden, auch wenn dieser manchmal rauh war oder wenn es so schien, dass du deine Richtung verlieren würdest. Manchmal hattest du Angst, dich selbst zu verlieren oder zu sterben, aber am Ende hast du dein Ziel erreicht und bist zu Hause angekommen...

Nun kannst du ganz sanft mit deiner Aufmerksamkeit hierher zurückkehren. Hol einmal tief Luft und atme in Arme und Beine, Bauch und Kopf... Bring das Gefühl von Vertrauen in dich selbst und in den Strom des Lebens mit hierher, wenn du gleich deine Augen öffnest... Sei wieder hier, erfrischt und wach...

Bei Sonnenaufgang

Setz dich bequem hin und atme langsam und gleichmäßig. Während du dich mehr und mehr entspannst, kannst du die Augen schließen und dir vorstellen, dass du an einem frühen Morgen am Strand bist. Du bist ganz allein und blickst auf das Meer, das vollkommen still in seiner blaugrünen Unendlichkeit vor dir liegt. Die letzten Sterne verlöschen an einem wolkenlosen Himmel…

Du spürst die Frische und die Reinheit der Luft. Ein Hauch von Salz liegt auf deinen Lippen. Du beobachtest das Wasser, die Sterne und den Himmel, der immer noch dunkel ist…

Lass dir Zeit, dieses völlige Schweigen vor Sonnenaufgang zu erleben, diese Stille, die mit so viel Möglichkeiten gefüllt ist…

Langsam löst sich die Dunkelheit auf, und die Farben verändern sich. Vor dir wird der Himmel über dem Horizont zuerst rot und dann golden… Jetzt spürst du die ersten Strahlen der Sonne auf deinem Gesicht, und du schaust zu, wie die Sonne langsam aus dem Wasser auftaucht…

Jetzt kannst du die Hälfte der Sonnenscheibe sehen, während der andere Teil immer noch unter dem Horizont ruht. Die Sonne spiegelt sich auf dem Wasser und zeichnet einen goldenen Pfad sanften Lichtes auf das Meer, der dich ganz sicher mit dem Herzen der Sonne verbindet. Du spürst ihre Wärme, und du empfindest Dankbarkeit, dass du diese innere Verbindung spüren darfst…

Die Temperatur des Wassers ist angenehm, und du spürst den Wunsch einzutauchen – Schritt für Schritt. Voller Erwartung gehst du in das angenehm kühle Wasser. Tiefer und tiefer tauchst du ein in das Meer, das dir ein Gefühl unbeschreiblicher Leichtigkeit gibt. Dann schwimmst du los – Zug um Zug in das goldene Strahlen des Sonnenaufgangs. Das Wasser streichelt deinen Körper, und du hast den Eindruck, dass es heute Morgen ganz mit Licht angefüllt ist. Ganz ohne Anstrengung schwimmst du der Sonne entgegen, gehalten von Wasser und Licht. Jede Bewegung gibt dir ein zunehmendes Glücksgefühl…

Und je weiter du der Sonne entgegenschwimmst, desto deutlicher spürst du, dass das Licht intensiver und heller wird. Du vergisst das Wasser, weil du dich eingehüllt fühlst in das wohltuende goldene Licht der Sonne, das deinen Körper vollständig durchdringt, wärmt und reinigt...

Dein Körper badet jetzt in der Lebenskraft, die die Sonne Morgen für Morgen und Tag für Tag der Erde schenkt. Auch deine Gefühle werden von Wärme durchdrungen. Deine Seele wird von Licht erhellt...

In diesen Augenblicken haben Zeit und Raum für dich keine Bedeutung mehr... (1 Minute)

Nun hörst du über dir den ersten Schrei eines Seevogels. Du wendest und schwimmst zurück an Land...

Reck und streck dich, atme tief aus und öffne deine Augen... Sei wieder hier, erfrischt und wach...

Bei Sonnenuntergang

Stell dir vor, dass du allein einen Strand entlanggehst. Es ist mitten im Juli und sehr, sehr heiß... Du schaust auf deine Uhr und siehst, dass es 7 Uhr abends ist. Die Sonne steht niedrig über dem Horizont, aber der Sonnenuntergang hat noch nicht begonnen. Der Himmel ist leuchtendblau. Du kannst keine Wolken sehen, und die Sonne gießt ein gelbweißes Licht über Meer und Land...

Spüre, wie die Sonne dein Gesicht erhitzt... Spüre, wie die Wärme der Sonnenstrahlen deine Haut sanft vibrieren lässt...

Du gehst barfuß. Spüre den heißen, trockenen Sand unter deinen Fußsohlen... Du bekommst Lust, dich etwas abzukühlen, und gehst ans Wasser. Spüre den feuchten, kühlen, festen Sand unter deinen Füßen... Schau zurück, wie deine Fußspuren im Sand von den gleichmäßig heranrollenden Wellen ausgewaschen werden...

Höre die Brandung des Ozeans und den rhythmischen Wellenschlag... Höre, wie jede Welle auf den Strand klatscht und dann gurgelnd und brausend zurückfließt... Sand und Kieselsteine machen ein Geräusch, das dich an das Rasseln der Kerne in einem getrockneten Flaschenkürbis erinnert. Über dir hörst du die hohen und schrillen Schreie der Seevögel, die nach Krebsen und Muscheln Ausschau halten. Du gehst weiter und weiter. Dein Blick wandert über den Horizont, über das blaugrüne Wasser und den weißen Strand, der landeinwärts in Dünen übergeht...

Jetzt erblickst du eine Düne in einer anderen Farbe. Der braune Sand ist über und über mit rosa Moosröschen bedeckt und mit leuchtendgelben Butterblumen. Du setzt dich oben auf diesen verzauberten Hügel und schaust hinaus auf das Meer. Das Meer erscheint jetzt wie ein silberner Spiegel, der das Sonnenlicht reflektiert. Eine endlose Weite aus reinem, weißen Licht...

Du schaust bewegungslos in dieses Licht, das dir zeitlos und endlos vorkommt. Du weißt nicht, wie lange du all dieses Licht in dich aufgenommen hast, als du eine Veränderung bemerkst. Du siehst immer mehr purpurfarbene Lichtpunkte und dazwischen kleine Inseln aus violettem Licht. Über den Horizont läuft jetzt eine zarte, violette Linie, und die Blüten der Blumen auf deinem Hügel bekommen jetzt einen Rahmen aus Purpur. Überall siehst du Purpur und Silber...

Langsam und immer schneller taucht die Sonne in das Meer... Du lässt dich tiefer und tiefer in diesen Sonnenuntergang hineinziehen... Wenn die Sonne ganz im Ozean versunken ist, wirst du einen Zustand tiefer Entspannung erreichen...

Der Himmel wird nun hellrot, blutrot, scharlachfarben, golden und bernsteinfarben, während die Sonne weiter hinter dem Horizont verschwindet. Du bist eingehüllt in eine Dämmerung von dunklem Purpur, in einen samtenen, blauen Nebel. Du schaust nach oben in den Nachthimmel... Der Himmel ist wolkenlos und übersät von Sternen – eine sternklare Nacht hat begonnen. Du hörst das sanfte Rauschen der Wellen, du schmeckst das Salz der kühlen Seeluft. Vor dir ist das Meer grenzenlos weit... Du kannst nicht sagen, wo es in die Unendlichkeit des Himmels übergeht. In diesem Augenblick scheint die Zeit für dich stehenzubleiben. Du selbst bist ohne Anfang und ohne Ende, verschmolzen mit Himmel, Erde und Meer, und du fühlst dich zu Hause in diesem Universum... Du gestattest dir, dass sich dieses Gefühl überall in dir ausbreitet...

Und nun fällt dein Blick auf einen Lichtpunkt am Himmel, der rhythmisch blinkt. Von diesem Rhythmus lässt du dich in dein Alltagsbewusstsein zurückbringen. Reck und streck dich ein wenig... atme einmal tief aus... Öffne die Augen und sei wieder hier, erfrischt und wach...

Das Schiff

Stell dir ein großes Schiff vor, das auf Reisen geht. Der Wind bläht die Segel und treibt das Schiff auf das offene Meer...

Stell dir genau vor, wie der Wind die Segel füllt, wie er in der Takelage summt, wie der Bug des Schiffes die Wellen zerteilt. Bemerke die unerschöpfliche Kraft des Windes, der mit Leichtigkeit das schwere Schiff weiter und weiter vorantreibt... Höre das helle Klatschen der Wellen, die gegen die Spanten rollen und von Zeit zu Zeit über das Vorderdeck hereinbrechen. Begleitet von Wind und Wellen fährt das Schiff ins Unbekannte...

Nun stell dir vor, dass du auf diesem Schiff bist. Du stehst auf dem Heck am Ruder und schaust auf das offene Meer vor dir. Das Wasser blitzt im Sonnenschein auf, und du kannst kaum erkennen, wo in der Ferne Himmel und Meer miteinander verschmelzen...

Du riechst den Duft des Meeres, und der Wind bläst dir ins Gesicht. Mit deinen Händen spürst du das glatte, harte Holz des Steuerrades, das du fest umklammerst...

Manchmal drehst du das Steuerrad nach links, manchmal nach rechts; du konzentrierst dich darauf, das Schiff auf dem richtigen Kurs zu halten. Du hast das Empfinden, dass das Schiff deinem Willen gehorcht, solange du die Gesetze des Windes und des Meeres respektierst. Du kannst entscheiden, in welche Richtung das Schiff fahren soll. Du spürst deinen Willen und deine Verantwortung. Du lauschst, was dir die Stimmen von Wind und Wasser zurufen. Erlebe deinen Willen und deine Bereitschaft, mit den Elementen zusammenzuarbeiten. Spüre deinen Mut ebenso wie das Bewusstsein der Gefahr. Gemessen an der Weite des Ozeans ist dein Schiff eine Nussschale, und deine Steuerkunst ist der Versuch, das Geheimnis der Elemente zu verstehen. Du wirst lange auf See sein, bis du die ferne Küste erreichst...

Lass dir noch etwas Zeit, um über alle Nuancen der Steuerkunst nachzudenken... (1 Minute)

Nun lass dieses Bild in dir verblassen und komm mit deinem Bewusstsein wieder hierher zurück in diesen Raum... Reck und streck dich... Atme einmal tief aus und sei wieder hier, erfrischt und wach...

Feuer, Wasser, Erde, Luft

Setz dich bequem hin und schließ die Augen... Sei dir der Symmetrie deines Körpers bewusst, dessen linke und rechte Seite so wunderbar miteinander kooperieren... Bemerke, dass du noch andere Orientierungspunkte benutzt... Spüre, was über dir ist, spüre was unter dir ist... Spüre, was vorn und was hinten ist.... Und nun geh mit deiner Aufmerksamkeit nach innen, während du ruhig und gelassen auf deinem Stuhl atmest...

Kannst du dich an die Rätsel erinnern, mit denen du dich als Kind beschäftigt hast?... Kennst du die Antwort auf folgendes Rätsel? „Am Morgen geht es auf vier Beinen, am Mittag auf zwei Beinen und am Abend auf drei Beinen?"...

Wahrscheinlich beschäftigst du dich in Abständen mit dem Rätsel, das am schwersten zu lösen ist, nämlich mit der Frage: „Wer bin ich?" Auf diese Frage finden wir nie eine abschließende Antwort. Wir müssen sie immer neu suchen... Da ist es vielleicht beruhigend, dass es auch ganz einfache Antworten darauf gibt, Antworten aus einer Perspektive der Bescheidenheit. Die vier Elemente können dir helfen, dich selbst und deinen Platz im Universum besser zu verstehen....

Wir sind WASSER: Blut und Lymphe, Schweiß und Tränen... All das sind kleine Ozeane in unserem Körper, die vom Mond angezogen werden, die Ebbe und Flut unterworfen sind... Flüssigkeit strömt in unseren Zellen. Sie ernährt uns und fließt durch endlose Kanäle, unsere Adern, unsere Kapillaren und unsere Eingeweide... Wir nehmen Feuchtigkeit in uns auf, wenn wir trinken und essen, sie strömt durch uns hindurch und verlässt uns wieder in einem ununterbrochenen hydrologischen Kreislauf... Du bist Wasser und ich bin Wasser...

Wir sind ERDE: Materie, die von Fels und Lehm abstammt... Auch jener Teil der Erde wird vom Mond angezogen, der als flüssiges Magma im Kern unseres Planeten zirkuliert... Von den Wurzeln der Pflanzen werden die Moleküle der Erde in Leben verwandelt... Wir sind aus Erde, und die Erde gestattet uns, dass wir uns verjüngen, indem jede Zelle des Körpers alle sieben Jahre erneuert wird... Am Ende kehrt Asche zu Asche und Staub zu Staub zurück... Wir ernähren uns von der Erde, und wir scheiden Erde aus... Wir sind aus einem Klumpen Lehm gemacht, von dem in der Genesis die Rede ist... Auch für unser heutiges naturwissenschaftliches Verständnis ist das eine präzise Feststellung... Ich bin Erde und du bist Erde...

Wir sind LUFT: Wir sind mit dem unsichtbaren Universum der Gase verbunden, mit der Atmosphäre, mit der Schutzhülle unseres Planeten... Wir atmen ein und wir atmen aus... Wenn wir ausatmen, schenken wir den Bäumen und Pflanzen Kohlendioxid, und wenn wir einatmen, nehmen wir Sauerstoff in uns auf, die frischen Ausdünstungen der Pflanzenwelt... Sauerstoff ist der Kuss des Lebens, der unsere Zellen wach macht, der die Atome im Prozess des Stoffwechsels tanzen lässt... Und wir leben durch diesen Kreislauf der Luft... Wir atmen das Universum ein und wieder aus, das viele Milliarden Jahre gebraucht hat, um nach Helium und Wasserstoff ein neues Gas zu erfinden: den Leben spendenden Sauerstoff.... Du bist Luft und ich bin Luft...

Wir sind FEUER: Unser Feuer stammt von der Sonne, die allem Leben die Kraft gibt, die die Pflanzen wachsen lässt, die das Wasser aufsteigen lässt, damit es als Regen wieder herabkommt und alles erfrischt... Unser Stoffwechsel brennt mit dem Feuer, das mit dem Urknall in die Welt kam und dafür sorgte, dass Materie entstand, die sich in Zeit und Raum ausdrückt... Und es war auch dieses Feuer, das als Blitz in das Urmeer zuckte, und die Geburt des Lebens ermöglichte...

Immer schon waren wir da. Denn jede Zelle unseres Körpers ist Teil einer ununterbrochenen Kette von Verwandlungen, die mit der Geburt des Universums begann. Die Atome bildeten die Moleküle, die Moleküle schufen die Zellen, die Zellen organisierten sich als Organismen. Mit diesen neuen Lebensformen wurde auch der Tod geboren, zugleich, noch lange bevor wir uns von den Pflanzen trennten, entstand die Sexualität. In unserer Sexualität spüren wir die alten Sehnsüchte, die uns mit den Pflanzen genauso verbinden wie mit dem Leben der Tiere. Und in einer ununterbrochenen Ahnenreihe stammen wir von den Tieren ab: Wir waren Fische und schwammen im Wasser... Unsere Schuppen verwandelten sich in Flügel... Wir lernten, uns auf dem Land zu bewegen, bis wir ziemlich spät unsere großen Wanderungen in der Eiszeit begannen... Wir haben noch nicht lange unsere menschliche Gestalt. Im Verhältnis zur Geschichte der Erde sind wir Menschen erst in den letzten Sekunden der Evolution entstanden. Aber wir haben Erinnerungen an unsere lange, planetarische Reise. Wir erinnern uns an alte Lebensformen, wenn wir im Mutterleib rudimentäre Kiemen, Flossen und einen Schwanz bilden...

Immer wieder haben wir auf dieser langen Reise alte Formen aufgegeben. Wir haben alte Lebensweisen beendet und neue ergriffen. Aber nichts war jemals verloren. Obgleich die Form vergeht, kommt alles zurück. Jede abgestorbene Zelle wird benutzt und wiederbelebt, durch Moos und Flechten, durch Raubvögel und Fische...

Und wir können schon an den nächsten Schritt unserer Entwicklung denken: an unseren Tod. Fleisch und Knochen kehren in den Zyklus des Lebens zurück... Vielleicht ist es nicht leicht, das zuzulassen. Wir haben Angst vor den nächsten Schritten unserer Verwandlung...

Leg deine Sorge ab... Du hast schon so viele Verwandlungen im Strom des Lebens mitgemacht...

Aber wenn du dich anschaust, dann kannst du auch an die vielen verschiedenen Lebewesen denken, die zu dir gehören – die Bakterien, die dir bei deinem Stoffwechsel helfen, all das unsichtbare Leben auf deiner Haut. Du bist eine riesengroße Symbiose. Ohne es zu wissen, kooperierst du mit zahllosen Lebewesen in deinem Mikrokosmos. Wir alle leben von solchen Wechselbeziehung nach innen und außen...

Und wenn du vor einem Baum stehst, denke an dies Geben und Nehmen, atme dein Kohlendioxyd auf ein Blatt und spüre, wie das Blatt dir im Austausch frischen Sauerstoff schenkt. Auf unserer langen Reise durch die Evolution sind wir immer neue Partnerschaften eingegangen. Das kann dir auch in schwierigen Zeiten helfen. Du hast ein tiefes Bewusstsein der Zugehörigkeit. Darauf kannst du dich stützen, wenn du von schlechten Nachrichten aufgeschreckt wirst und es mit der Angst bekommst: Wenn du die neueste Zusammenstellung der

„roten Liste" liest, wenn du von Erosion hörst und dem Abbrennen der Regenwälder, wenn du an das Abschmelzen der Gletscher und Polkappen denkst... All das ist zu Recht beunruhigend. Jeder von uns braucht Mut, damit wir uns, angesichts dieser großen Herausforderungen gegenseitig beistehen... Aber wir haben die Fähigkeit, die Partnerschaft mit der Natur zu erneuern...

Und nun komm bitte mit deiner Aufmerksamkeit hierher zurück... Reck und streck dich ein wenig und atme einmal tief aus... Öffne die Augen und sei wieder hier, erfrischt und wach...

Die Welt der Mineralien

Setz dich bequem hin und schließ die Augen... Erlaube dir, deinen Atem zu bemerken, damit du dich mehr und mehr entspannen kannst...

Wenn wir im Gebirge vor einer Felswand stehen, dann denken wir, dass der Stein unbelebte Materie ist. Wenn wir am Strand spazieren gehen, dann freuen wir uns vielleicht über die Beweglichkeit der Sandkörner, in die unsere bloßen Füße so komfortabel einsinken, aber wir halten den Sand selbst für ein totes Mineral. Und wenn wir Edelsteine betrachten, dann verhalten wir uns ähnlich. Wir freuen uns an dem Funkeln eines geschliffenen Bergkristalls, aber wir glauben nicht, dass wir eine lebendige Beziehung zu ihm haben können. Wir unterschätzen das unsichtbare Leben der Mineralien, weil wir vergessen haben, dass sie die Quelle allen Lebens sind. Aus ihnen hat sich mit Hilfe von Wasser und dem Licht der Sonne das erste Leben gebildet. Mineralien sind unser Ursprung, sie sind unsere Verwandten und können unsere Lehrer sein. Darum sind Steine schon immer verehrt worden – in allen Kulturen und zu allen Zeiten. Sie enthalten ein Wissen, das bis zu den Anfängen der Erde zurückreicht...

Stell dir vor, dass du hoch im Norden durch ein Gebirge wanderst... Es ist ein sonniger Frühlingstag; der letzte Schnee schmilzt, und auf allen Seiten hörst du kleine Bäche in die Täler rauschen... Du gehst einen schmalen Pfad entlang, der dich zu einer Höhle bringen wird, die schwer zu finden ist. Um den Eingang der Höhle zu finden und um dich nicht zu verlaufen, brauchst du einen Führer, der mit den Geheimnissen der Unterwelt vertraut ist... Du weißt noch nicht, wer dieser Führer sein wird... Nach einigen Stunden wirst du etwas müde, und du setzt dich auf einen Stein, der die Form eines Hockers hat, genau in der richtigen Höhe für dich... Du ruhst dich aus und lässt dein Gesicht von der frischen Bergluft abkühlen...

Plötzlich spürst du, dass sich ganz in deiner Nähe irgendetwas bewegt. Du merkst, dass du nicht allein bist. Du schaust dich um und

siehst einen alten Menschen, eingehüllt in fremdartige Gewänder...
Du weißt, dass dies dein Führer ist, der hier auf dich gewartet hat.
Wortlos nickt ihr einander zu und blickt euch kurz in die Augen. Du
fühlst dich in der Gegenwart dieses Menschen sicher und geborgen...
Dein Führer gibt dir ein Zeichen, dass du ihm folgen sollst. Und in
einem Felskamin zeigt er dir den Eingang zu der Höhle, die du suchst.
Schweigend geht dein Führer voran. Ihr benutzt einen engen Tunnel,
der tiefer und tiefer hinabführt... Es wird immer dunkler... Aber hinter der nächsten Biegung wird es wieder heller, denn an den Felswänden brennen Fackeln, die einfach in die Spalten des Felsens gesteckt
sind. Die Flammen flackern und werfen Schatten an die Wände.
Während du tiefer und tiefer hinabsteigst, bemerkst du, dass die
Wände der Höhle feucht sind... Du hörst Wasser herabtropfen, und in
der Stille der Höhle ist auch das Plätschern kleiner Bäche zu hören...
Ab und zu berührst du die Wände aus rosa schimmerndem Granit...
Tief unten hörst du das Rauschen von Flügeln. Fledermäuse wurden
von euren Schritten aufgeschreckt und suchen sich nun einen neuen
Platz zum Schlafen... Tiefer und tiefer steigst du mit deinem Führer
diesen tunnelartigen Weg hinab, und du bist froh, dass der Boden
vollkommen eben ist... Du fühlst dich sicher, neugierig und andächtig... Diese Höhle kommt dir unendlich alt vor. Unwillkürlich denkst
du an jene Zeiten zurück, als die Erde entstand, als sich die Gebirge
auffalteten und die Ozeane sich in die Tiefe senkten. Damals wusste
die Erde noch nicht, dass sie einmal das Haus von Pflanzen, Tieren
und Menschen sein würde.

Jetzt wird die Höhle breiter, und du stehst vor einem kreisrunden
Wasserbecken. Die Fackeln geben genügend Licht, so dass du die
steinerne Einfassung genau sehen kannst. Du schaust in das Wasser
und erblickst dein Spiegelbild; und dieses Spiegelbild zeigt dich so,
wie du schon immer gern sein wolltest. Und mit einem Mal beginnt
dein Spiegelbild zu sprechen; es macht dich auf etwas aufmerksam,
was du bisher übersehen hast. Vielleicht sagt dir dein Spiegelbild, was
in deinem Leben fehlt... Vielleicht macht es dich auf etwas aufmerksam, was du hast, aber nicht beachtest... Lass dir etwas Zeit, um diese
Botschaft in dich aufzunehmen... (1 Minute)

Nun siehst du, wie dein Führer an das Becken tritt und mit seiner Hand die glatte Oberfläche des Wassers in Bewegung versetzt. Dein Spiegelbild verschwindet, und du trittst einen Schritt zurück...

Jetzt deutet dein Führer stumm auf die Wand der Höhle, und du entdeckst eine Öffnung, die du vorher nicht gesehen hast. Hinter dieser Öffnung beginnt die Schatzkammer der Edelsteine... Dein Führer nickt dir zu, und du weißt, dass du jetzt allein in die anschließende, sehr viel größere Kaverne treten kannst... Zuerst scheint es dir hier viel dunkler zu sein, aber dann entdeckst du, dass alle Wände zu leuchten beginnen... Und du trittst in dieses geheimnisvolle Licht... Du gehst tiefer und tiefer in diese große Höhle hinein und bemerkst, dass es immer heller wird... Das Licht scheint von oben zu kommen, aber du kannst seine Quelle nicht genau erkennen. Immer deutlicher siehst du, dass du umgeben bist von glitzernden Steinen und Kristallen, die in allen Farben leuchten und das Licht brechen. Decke und Wände sind über und über besät mit großen und kleinen Steinen ein allen Größen, in allen Formen, in allen Farben... An einigen Stellen läuft Wasser über die Wände, das in kleinen Bächen in der Mitte zusammenströmt und sich in einem flachen, quadratischen Becken sammelt. Zunächst wanderst du in dieser Schatzkammer herum, weil du einfach neugierig bist, was du hier siehst und was die Steine dir zu sagen haben...

Als Erstes entdeckst du Bernstein, die Juwelen des Meeres... Du siehst ihn in verschiedenen Farben, von ganz hellgelb bis zu einem goldenen Braun. Jetzt glaubst du, die Stimme des Bernsteins zu hören. Und einer der vielen Bernsteinklumpen erinnert dich daran, dass die Juwelen des Meeres seit altersher den Menschen halfen, Krankheiten zu heilen...

An einer anderen Stelle entdeckst du Amethyst in verschiedenen Farben – von einem ganz hellen, durchsichtigen Violett bis zu einem dunklen, satten Purpur. Auch der Amethyst spricht zu dir und teilt dir mit einer angenehmen, sanften Stimme mit, dass er die Kraft hat, deine Intuition anzuregen, Stress zu lindern und Kopfschmerz vergessen zu lassen...

Während du weitergehst, fragst du dich, wie es möglich ist, dass du die Stimme der Steine hören kannst. Liegt es daran, dass du hier, in der Tiefe des Berges, eine andere Art des Hörens praktizieren kannst?... Bist du hier offener und sensitiver?... Übersetzt dein Gehirn die Lichtschwingungen der Steine in menschliche Sprache? Du beginnst zu staunen, in gleicher Weise über die unentdeckten Möglichkeiten deines Geistes wie über die Wunder der kristallinen Welt...

Und nun entdeckst du auf einem Vorsprung der Wand Aquamarine, hellblau wie der Frühlingshimmel... Die Steine teilen dir mit, dass sie dich anregen können und dir helfen, mit anderen harmonischer zu kommunizieren. Sie können deine Gefühle beruhigen, wenn du aufgeregt bist, und deinen Geist anregen, wenn du dich mit schwierigen Fragen beschäftigst. Du berührst einen besonders schönen Aquamarin und wünschst dir, dass er dir seine Inspiration schenkt...

Du gehst weiter und findest gleich nebenan den gelben Citrin. Auch der Citrin hat eine Stimme, die du hören kannst. Er teilt dir mit, dass er bereit ist, deine Energie anzuregen und innere Blockaden aufzulösen.

Jetzt kommst du zu den Korallen – zu den Zweigen vom Baum des Meeres. In verschiedenen Rot-Schattierungen laden sie dich ein zu verweilen. Du hörst von ihnen, dass sie ihre Farbe verändern können. Wenn jemand, der sie trägt, krank wird, werden sie heller und bekommen ihre dunkelrote Farbe erst dann zurück, wenn die Gesundheit wiederhergestellt ist...

Du gehst weiter und entdeckst große Bergkristalle, das „Eis der Ewigkeit". Du siehst, wie das weiße Licht, das auf sie fällt, in die sieben Farben des Regenbogens gebrochen wird, und du bleibst fasziniert stehen. Du schaust in einen der großen Kristalle hinein und erinnerst dich daran, dass Kristallkugeln seit uralten Zeiten von den Sehern benutzt wurden, um die Möglichkeiten der Zukunft zu erkennen... Jetzt bemerkst du, dass deine Gedanken zu wandern beginnen – weit zurück in die Vergangenheit oder weit voraus in die Zukunft... Du gestattest dir diesen Luxus und verweilst hier etwas länger, um diese Gelegenheit zu nutzen und die Reichweite deines Geistes auszudehnen... Vielleicht siehst du Bilder, vielleicht fasst du einen Gedanken, oder du hast eine ganz spezifische Empfindung... Warte einfach ab, welche Anregung dir dieser Kristall geben kann... (1 Minute)

Zum Abschied berührst du ganz leicht den Kristall und gehst dann weiter...

Jetzt fällt dein Blick auf ein Stück Rosenquarz. Ganz von selbst legst du deine Hand darauf, und ein sehr angenehmes Gefühl durchströmt dich... Du bemerkst, wie deine Gedanken zu den Menschen wandern, die du liebst... Vielleicht konzentrieren sich deine Gedanken auch auf einen Menschen, den du erst finden möchtest, nach dem du Sehnsucht hast und den du in Zukunft lieben möchtest... Du fühlst dich von Augenblick zu Augenblick optimistischer, dass du all die Liebe, die du dir wünschst, bekommen wirst. Darum fällt es dir leicht, deine Hand von diesem Stein zu lösen...

Du setzt deinen Weg fort und erblickst hoch über dir an der Wand der Höhle blitzende Diamanten in allen Größen. Du empfindest einen tiefen Respekt, aber du hast nicht das Bedürfnis, die Diamanten zu berühren. Ihre schweigsame Schönheit beeindruckt dich, die Luft scheint hier plötzlich etwas kühler zu werden. Vielleicht kommt dir jetzt der Gedanke, dass die Edelsteine zu uns passen müssen, nicht jeder Stein tut dir gut und regt dich so an, dass er dir Heilung und Wachstum schenkt.

Und so wanderst du weiter. Du lässt deine Aufmerksamkeit von Smaragden in verschiedenen Grüntönen fesseln. Du empfindest die beruhigende Wirkung des grünen Funkelns der Smaragde unmittelbar. Du hast das Bedürfnis, diese Steine zu berühren... Du spürst, wie sie dich entspannen und dir das Empfinden heiterer Ausgeglichenheit geben... Gern würdest du länger bei den Smaragden verweilen, aber du möchtest auch noch andere Mineralien kennenlernen...

Jetzt fühlst du dich von einem dunkelroten Leuchten angezogen – du stehst vor einem Teil der Wand, der über und über mit kleinen und großen Granatsplittern besät ist... Du spürst, wie dich eine Welle von Sehnsucht erfasst, und du denkst an den Menschen, den du am meisten liebst... Und wenn dein Herz frei ist, dann erscheint vielleicht ein Bild deines Wunschpartners. Du empfindest das Bedürfnis, tiefe und loyale Liebe in deinem Leben auszudrücken... Instinktiv berührst du diese Steine, und du bemerkst, wie von deinem Herzen eine Welle der Wärme ausgeht, bis in deine Fingerspitzen... Es fällt dir schwer, deine Hand zurückzuziehen, aber du hast noch Energie und Neugier, um zwei weitere Steine kennenzulernen...

Gleich nebenan siehst du Jadekristalle in vielen Grünschattierungen. Du hörst die Stimme dieses Steins, dunkel und ruhig. Vielleicht siehst du in diesem Augenblick auch die Gestalt eines Weisen aus dem fernen Osten, der sich dir als Mönch oder als Krieger zeigt, und dir zu verstehen gibt, dass Jade unseren Sinn für Gerechtigkeit, für Weisheit und Mut, für Mitgefühl und Bescheidenheit stärken kann... Und natürlich erinnerst du dich daran, dass Jade auch ein Glücksbringer ist und dass sie vor allem Glück bringt, wenn sie verschenkt wird. Nun verspürst du deutlich das Bedürfnis, etwas aus Jade von hier mitzunehmen, um es jemandem zu schenken, dem du von Herzen Glück und Zufriedenheit wünschst. Irgendwie scheint dein Wunsch schon verstanden worden zu sein, denn du entdeckst in einer kleinen Höhlung lose Jadesteine in verschiedenen Größen. Du kannst sogar einige kleine Figuren erkennen, deren Oberfläche fein poliert ist. Wähle etwas aus, was dir passend erscheint, um es mitzunehmen... Wem möchtest du dieses Geschenk machen?...

Geh weiter und entdecke den „Stein des Himmels" – gleich nebenan schimmert dir ein Lapislazuli blau aus der Wand der Höhle entgegen, und es erscheint dir ganz selbstverständlich, dass du diesen Stein streichelst... Du hörst die sanfte Stimme des Lapislazuli, der dir mitteilt, dass er helfen kann, sowohl frische seelische Verletzungen zu heilen als auch alte emotionale Wunden zu schließen. Vielleicht möchtest du dir dies merken, um später darauf zurückzukommen. Langsam ziehst du deine Hand zurück...

Du weißt jetzt, dass die Schatzkammer der Steine unerschöpflich ist und mehr für dich bereithält, als du bei einem einzigen Besuch fassen kannst... Darum beschließt du, deinen Rundgang zu beenden. Jetzt möchtest du dir noch einen Stein suchen, den du mitnehmen kannst als Anregung, als Glücksbringer, als Lehrer. Du gehst in die Mitte zu dem flachen Wasserbecken, in dem alle nur denkbaren Steine und Kristalle liegen. Du kniest nieder und betrachtest die Steine in all den verschiedenen Größen, Farben und mit ganz unterschiedlichen Qualitäten... Du versprichst, dass du den Stein, der für dich bestimmt ist, ehren und hüten willst und ihn zu deinem eigenen Nutzen und zum Segen anderer gebrauchen willst... Nun warte ab, bis der Stein, der für dich bestimmt ist, an die Oberfläche kommt... Welche Farbe hat dieser Stein?... Welche Form kannst du erkennen?... Ist das ein Stein, der dir bekannt ist?... Bedanke dich für dieses Geschenk der Erde und lass dir sagen, was dein Stein bewirken kann... wie du ihn benutzen sollst... wie dieser Stein gehütet werden möchte... (2 Minuten)

Du hast eine lange Zeit in dieser Höhle verbracht, die dir jetzt wie ein heiliger Ort vorkommt. Du hast die erstaunliche Energie gespürt und Anregungen für deine emotionale und physische Gesundheit bekommen. Es ist Zeit, dass du diesen Ort verlässt. Merk dir den Weg dorthin gut, damit du jederzeit hierher zurückkehren kannst... Du wendest dich um und kehrst in die kleinere Höhle zurück zu dem kreisrunden Wasserbecken. Dort wartet dein Führer immer noch auf dich. Mit einem Kopfnicken zeigt er dir, dass er ebenfalls bereit ist für den Rückweg... Lass deinen Führer vorangehen und folge ihm auf dem Weg durch den Tunnel, der immer noch von den Fackeln beleuchtet ist. Ganz oben siehst du nun das klare Licht des Tages... Im Freien angelangt, atmest du die frische, kühle Luft der Berglandschaft ein paar Mal tief ein...

Jetzt ist es an der Zeit, dass du dich von deinem Führer verabschiedest. Du kannst ihm danken, dass er dir zur Verfügung gestanden und dieses Erlebnis ermöglicht hat. Lass dich überraschen, auf welche Weise sich dein Führer von dir verabschiedet...

Dann geh mit schnellen, kräftigen Schritten den schmalen Pfad wieder zurück, auf dem du gekommen bist. Bring alles, was für dich wertvoll ist, mit hierher... Reck und streck dich ein wenig und atme einmal tief aus... Sei wieder hier, erfrischt und wach...

Der Stein
des Himmels

Setzt euch bitte im Kreis zusammen auf den Boden... (Legen Sie nun einen größeren, unbearbeiteten Lapislazuli in die Mitte. Außerdem benötigen Sie eine Schale mit Wasser.)

Entspanne dich... fang an, tief und gleichmäßig zu atmen, und finde mit den anderen Gruppenmitgliedern einen gemeinsamen Atemrhythmus... (2 Minuten)

Bleibe nun entspannt und atme in deinem eigenen Rhythmus weiter. Schau auf den Lapislazuli in der Mitte, der von Schamanen den Namen: „Stein des Himmels" bekam. Schon in alten Zeiten wurde diesem Stein die Fähigkeit zugeschrieben, emotionale Wunden zu heilen, und darüber hinaus auch jene ererbten Wunden oder Verletzungen, die wir noch aus früheren Inkarnationen in uns tragen. Der Stein hat diese Fähigkeit, weil er ein Symbol ist für die göttliche Liebe. Die alten Ägypter verzierten mit Lapislazuli ihre Gräber und Totenmasken; der Stein sollte die Toten beschützen und ihnen bei ihrer Reise ins Jenseits den Weg zeigen...

Du kannst gleich versuchen, eine ganz persönliche Beziehung zu diesem Stein des Himmels aufzubauen. Du wirst sehen, dass das möglich ist, auch wenn du bisher geglaubt hast, dass Steine leblose Materie seien...

Meditiere zunächst über den Stein, der da vor dir liegt... Konzentriere deinen Blick auf den Stein... Halte ihn im Mittelpunkt deines Blicks und lass das Bild bewusst etwas unscharf werden... Und wenn du weiteratmest, dann finde einen Rhythmus, bei dem der Stein mit dir zusammen atmen kann... Dabei kann es passieren, dass der Stein seine Farbe verändert oder seine Form, und du wirst diese Veränderung bemerken... Das ist ein Vorgang, den du von anderen Gelegenheiten her kennst und der schwer zu erklären ist. Du musst darüber jetzt nicht nachdenken, sondern es reicht, wenn du ganz ruhig dasitzt und akzeptierst, dass diese Veränderung stattfindet...

Identifiziere dich nun mit dem Stein. Sei für eine Weile dieser Stein. Spüre seine stille Kraft... Empfinde den Respekt, der dir entgegengebracht wird... Empfinde das besondere Wissen, über das du als dieser Stein verfügst. Dein Wissen reicht weit hinter unser menschliches Wissen zurück... Es ist unendlich viel, was du erlebt hast, als du vor Hunderten von Millionen Jahren entstanden bist... (1 Minute)

Und nun sei wieder du selbst...

Jetzt bitten wir den Stein, sich uns als Bundesgenosse und Helfer zur Verfügung zu stellen. Wir brauchen ihn für ein Ritual, das jedem von uns eine wichtige Erfahrung schenken kann. Das Ritual kann eine Brücke bilden zwischen unserem bewussten Ich und jener tieferen Weisheit in uns, wo wir wissen, was heilsam ist.

Gleich werden wir den Stein in unserem Kreis herumreichen. Jeder von uns kann zunächst seine physischen Schmerzen in den Stein legen: Schmerz, Unwohlsein, Anspannung und Unruhe, aber wir können auch die Sorge um unsere Gesundheit hineinlegen, den Kummer über Krankheit oder über einen Unfall, über unser Älterwerden, über unsere Angst vor dem Tod... Und wer immer den Stein hält, kann ihm schweigend mitteilen, was er in seine Obhut geben möchte, um sich zu erleichtern...

Der Stein nimmt die Lasten, die uns bedrücken, in sich auf, wie ein Schwamm, der ein Vielfaches seines eigenen Gewichts absorbieren kann...

Und nachdem nun jeder den Stein in Händen gehalten hat, werde ich ihn in diese Schale mit Wasser legen – physische Schmerzen, Kummer und Sorgen werden darin von ihm abgewaschen... Wenn ich den Stein dann abgetrocknet habe, wird er uns wieder zur Verfügung stehen, um zu unser aller Bestem Vieles in sich aufzunehmen...

In der zweiten Runde wird der Stein wieder herumwandern, und diesmal werden wir unsere seelischen Schmerzen in ihn hineinlegen: Enttäuschungen, Kränkungen, Verrat, eine zerbrochene Liebe, den Verlust von Menschen, erkaltete Freundschaft, enttäuschte Hoffnungen, Verzweiflung und Einsamkeit... All das, was unsere Seele beunruhigt und quält. Und auch diesmal können wir uns darauf verlassen, dass der Stein bereit ist, alle Lasten zu tragen, die uns hindern, die

Leichtigkeit des Lebens zu genießen... Und nachdem jeder den Stein gehalten hat, wird er wieder in das Wasser gelegt, gereinigt und abgetrocknet...

In der dritten Runde wird jeder von uns etwas von seiner Lebenslust in diesen Stein geben: Lebenslust ist ansteckend. Wenn wir andere Anteil nehmen lassen an unserer Lebenslust, dann wird sie nicht weniger, sondern mehr...

Diesmal werden wir den Stein nicht abwaschen, sondern wir werden spüren, wie tief in unserem Innern die Bereitschaft wächst, uns überraschen zu lassen, zu genießen, dass wir auf dieser Erde leben, und die Freude darüber, dass wir atmen und dieses Leben haben...

Wir wollen den Stein nun ein viertes Mal herumgeben, und diesmal werden wir unsere Liebe in ihn legen, Liebe, die wir geben können, Liebe die wir bekommen haben... Und hier ist es genauso wie mit der Lebensfreude – Liebe, die wir geben, macht uns nicht ärmer, sondern reicher... Hier können wir an alle unsere Beziehungen denken, an all das, was wir in Jahren unseres Lebens von anderen an Fürsorge, an Loyalität, an Zuverlässigkeit, an Zärtlichkeit und an Leidenschaft bekommen haben... Und wir werden auch an unsere eigene Bereitschaft zur Liebe denken – an unsere uralte Sehnsucht, anderen nah zu sein, ihnen beizustehen, mit ihnen zu teilen, mit ihnen zu verschmelzen und Opfer zu bringen...

Auch am Ende dieser Runde werden wir den Stein nicht abwaschen, wir werden stattdessen erleben, wie er mehr und mehr Kraft gewinnt, uns zu inspirieren und das Beste von uns hervorzulocken...

Und nun werde ich den Stein wieder in unserer Mitte auf den Boden legen. Betrachte den Stein in unserer Mitte, getränkt von Lebensfreude und Liebe und bereit, diesen Schatz an jeden von uns zurückzustrahlen. Meditiere eine Weile über den Stein und fass ihn genauso ins Auge wie zu Anfang... Vielleicht verändert der Stein noch einmal seine Gestalt und Farbe. Und wenn du willst, kannst du jetzt eine Botschaft hören, die der Stein für dich hat, nachdem er dich jetzt besser kennengelernt hat... (2 Minuten)

Ich werde den Stein jetzt mit einem Tuch bedecken und ihm dafür danken, dass er uns auf diese besondere Weise zur Verfügung gestanden hat und uns erleben ließ, dass wir viele Möglichkeiten haben, uns selbst gut zu behandeln und Gemeinschaft und Solidarität zu praktizieren...

Nimm aus diesem Ritual das mit, was für dich wertvoll ist. Reck und streck dich ein wenig... Orientiere dich neu im Raum und kehre zu deinem normalen Bewusstsein zurück... Bemerke deinen Atem und fühle dich erfrischt und wach...

Bäume, Blumen

Der Farn

Verwandle dich in einen Farn... Du bist vollkommen grün und stehst an einem angenehmen, kühlen Platz... Nach der Winterruhe hast du schon viele Triebe gebildet, die jetzt ganz frisch und lebendig zu den großen Bäumen neben dir aufragen... Die Luft, die du einatmest, ist feucht und riecht nach Humus... Deine ganze Umgebung ist still. Die dicken Moospolster dämpfen die Stimmen der Vögel und die Geräusche der anderen Waldbewohner... Spüre deine kühlen, grünen Farnwedel... Ein feiner Luftzug bringt dich in Schwingung, und du bewegst dich ganz sanft hin und her... Deine Wurzeln können diese Bewegung empfinden... Unter der dicken Moosschicht strecken sie sich nach allen Seiten aus und versorgen dich mit Wasser und Nährstoffen... Spüre deine hohlen Stängel, die deine vielen kleinen Blättchen halten und versorgen... Spüre, wie die Feuchtigkeit des Bodens in dir aufsteigt und sich überall in deinem Organismus verteilt...

Manchmal fällt Sonnenlicht in deine grüne, schattige Welt, wenn die Blätter der Bäume über dir vom Frühlingswind bewegt werden... Auf deinen Wedeln liegt immer noch der Morgentau. Winzige Tröpfchen bedecken auch das dunkelgrüne Moos. Ab und zu blitzen sie auf, wenn sie von einem Sonnenstrahl gefunden werden... Eine Kröte blinzelt dir mit ihren bernsteingelben Augen zu. Das ist ihre Art, sich für den Schutz zu bedanken, den sie in der Nacht unter dir gefunden hat... Das Moos unter dir ist ein beliebter Ruheplatz. Jetzt landet eine Fliege dort, die erwartungsvoll von deinem nächtlichen Gast betrachtet wird. Ein blauschillernder, großer Käfer krabbelt dicht an deinen Füßen vorbei... Du erlebst all die Bewohner des Waldes... Du kennst ihre Gewohnheiten und Bedürfnisse... Alles passt hier zusammen... Du selbst bist zufrieden mit dem Platz, den du hier einnimmst. Du hast alles, was du brauchst – Wasser, Licht und Schatten... Ein Gefühl der Dankbarkeit steigt in dir auf... Du fühlst du dich hier zu Hause... Hier kannst du wachsen im Kreislauf der Jahreszeiten, und im Winter wirst du wieder einen langen Schlaf antreten und Kraft sammeln für einen neuen Frühling...

Der Krokus

Sei ein Krokus… Noch bist du eine Zwiebel, die unten im Boden liegt und wartet… Spüre, wie du da in der Erde liegst unter einer dicken Decke von Schnee… Noch kannst du deinen Schlaf genießen und darauf warten, dass irgendwann der Frühling kommt… Spüre, wie gut du dich ausruhst und Kraft sammelst für die Zeit deines Wachsens… Bereite dich innerlich darauf vor, dass du bald aus dir herausgehen und dich auf die Reise ans Licht machen wirst… Jetzt spürst du die erste leise Sehnsucht danach… Die Zeit vergeht… Du hast schon viel Kraft gesammelt. Deine Ungeduld wird größer, und dein Wunsch zu wachsen wird stärker… Um dich herum sickert Wasser in die Erde ein und zeigt dir, dass der Schnee schmilzt… Langsam erwärmt sich die Erde, in der du liegst; sie bestätigt dir, dass die Zeit gekommen ist: Du kannst deiner Sehnsucht nachgeben… Zuerst musst du die Erde über dir beiseiteschieben und deine eng zusammengepressten Blätter nach oben recken… Weiter und weiter nach oben… Der Weg ans Licht ist anstrengend, aber du willst nicht länger warten… Irgendwie wirst du es schaffen… Diese Aufgabe musst du ganz allein bewältigen…

Jetzt erreichen deine Blättchen das Licht. Sie müssen noch durch eine dünne Schicht Schnee hindurchstoßen, dann können sie sich zum ersten Mal von der Sonne bescheinen lassen… Du erhebst dich über die Erde und den Schnee und genießt deine Farben – grüne Blätter und lila Blüten… Nach der langen Dunkelheit findest du deine Farben sehr aufregend… Oben angelangt, kannst du ganz tief die frische Frühlingsluft einatmen… Du spürst die zurückhaltende Wärme der Sonne und bist zufrieden, dass du es geschafft hast… Zum Lohn für deine Mühe erhebst du dich grün und violett über den Schnee… Wenn du dich umsiehst, kannst du feststellen, dass noch mehr Krokusse im Begriff sind, sich zu entfalten und das Ende des Winters mutig vorwegzunehmen… Natürlich kann es sein, dass ein starker Frost dich überrascht. Dann legst du dich ganz entspannt auf den Schnee, aber mit den ersten Sonnenstrahlen beginnst du, dich wieder aufzurichten… Nach so langem Warten hast du keine Zeit, dich entmutigen zu lassen…

Der Baum

Sei ein Baum... ein hoher, schöner Baum... Lass dir Zeit, um herauszufinden, welche Art von Baum du bist... Spüre deinen Stamm... deine Wurzeln... deine Äste und Zweige...

Geh mit deiner Aufmerksamkeit zu deinen Wurzeln... Spüre, wie du nach Wasser suchst... wie du dich ausdehnst... wie du immer mehr in die Tiefe drängst... Spüre, wie die Erde sich anfühlt, durch die du hindurchwachsen musst... Spüre den Unterschied zwischen dem weichen Sand und den harten Steinen, die du nicht durchdringen kannst... Bemerke auch die Unterschiede in der Temperatur zwischen oben und unten... Spüre deine Stärke... Deine vielen Wurzeln verankern den Stamm fest im Boden...

Nun geh mit deiner Aufmerksamkeit weiter nach oben zu deinem Stamm... Spüre die Festigkeit und Stabilität des Holzes... Spüre deine Rinde... Ist sie glatt oder rauh?... Welche Farbe hat sie?... Ist sie dick oder dünn?... Unter deiner Rinde steigt der Saft auf, mit dem du deine Zweige, Blätter oder Nadeln ernährst... Spüre die Stärke und Elastizität deines Stammes... Dein Stamm ist die Verbindung zwischen Wurzeln und Ästen... Er trägt das Leben des Baumes...

Geh jetzt mit deiner Aufmerksamkeit zu deinen Ästen... Wie fühlt es sich an, ein Ast zu sein?... Die Äste können sich viel freier bewegen als Wurzeln und Stamm... Spüre diese Freiheit, die Möglichkeit, hin- und herzuschwingen, im Wind zu tanzen... Spüre, wie deine Äste sich dem Himmel entgegenrecken... Spüre das Licht der Sonne auf deinen Blättern oder Nadeln... Spüre, wie du manchmal Besuch bekommst von Vögeln oder Eichhörnchen... Aber auch andere Tiere kommen gern zu dir. Manchmal gibst du vielleicht einer Katze Schutz, oder du wirst von Kindern besucht, die dort unter deinem Dach Zuflucht vor dem Regen suchen...

Spüre deine Nadeln oder die Blätter, die dich als Baum ernähren... Spüre das Sonnenlicht und die Luft, die du atmest... Spüre, wie das Wasser aus dir verdunstet und ersetzt wird durch neue Feuchtigkeit, die durch deine Wurzeln nach oben strömt...

Nun spüre alles gleichzeitig: Wurzelwerk, Stamm, Äste und Zweige, Blätter oder Nadeln... Spüre, wie du dich in der Erde hältst, auch wenn Winde oder Stürme an dir zerren... Spüre deinen starken, elastischen Stamm, deine Schutz gebenden Zweige und Leben spendenden Blätter oder Nadeln... Spüre, wie du dich an dieser Stelle ernährst, wie du dir Feuchtigkeit holst und das Licht der Sonne einfängst... Spüre, wie du atmest und wie du tief hinabreichst in die Erde und hoch hinauf in den Himmel... Spüre, wie du mit den Jahreszeiten lebst – mit Wind, Regen, Schnee und Sonne... Du hast einen guten Platz zwischen Erde und Himmel gefunden... Du bist stark, du bist friedlich, und du wirst sehr alt werden... Und du freust dich, wenn aus deinen Samen neue Schösslinge kommen – manchmal in deiner Nähe, manchmal so weit weg, dass du deine Kinder nicht sehen kannst... Und du möchtest noch viele Jahre hier stehenbleiben...

Die Rose

Sei eine Rose... Geh mit deiner Aufmerksamkeit zunächst zu einer einzelnen Knospe... Vielleicht wächst diese Knospe allein auf einem Zweig, vielleicht ist sie noch von anderen Blüten eingerahmt... Scharfe Dornen geben dir ein Gefühl der Sicherheit...

Stell dir nun vor, wie es ist, wenn sich die Blüte langsam öffnet – Blatt für Blatt... Und während sich die Blüte immer weiter öffnet, verströmt sie einen zarten Duft, und während du tief einatmest, bemerkst du den Duft dieser Rose... Spüre das Sonnenlicht auf deinen offenen Blütenblättern... Welche Farbe möchtest du dieser Blüte geben?... Wünscht du dir eine dunkelrote Blüte, eine gelbe Blüte, eine weiße Blüte?... Soll die Blüte gefüllt sein oder soll sie ganz einfach sein, so dass du dein Herz leicht öffnen kannst für die Sonne, für Insekten, Bienen und Schmetterlinge?... Spüre einen leichten Wind, der dich hin und her schwingen lässt...

Du bemerkst jetzt, wo du als diese Rose wächst... Vielleicht stehst du in einem Garten, in einem Park, vielleicht an einer Hauswand oder auf einem Grab... Spüre, wie tief deine Wurzeln in die Erde hinabreichen... Spüre all deine Äste und Verzweigungen... Wie lange stehst du schon an dieser Stelle?... Weißt du, wer dich gepflanzt hat?... Wie alt bist du als Rose?... Wie ist dein Leben?... Für wen bist du da?... Wer kommt dich besuchen?...

Geh nun mit deiner Aufmerksamkeit wieder zu deinen Zweigen. Spüre ihre Kraft, ihre Biegsamkeit... Spüre Blätter und Dornen... Im Winter kannst du dich ausruhen und neue Knospen vorbereiten... Vielleicht möchtest du deine Gestalt verändern und einen dichteren Busch bilden... Vielleicht möchtest du weiter nach oben ranken... Aber vielleicht möchtest du auch nur einige abgestorbene Äste ersetzen und so bleiben, wie du bist...

Wenn sich dann im nächsten Sommer deine Blüten wieder öffnen, bist du selbst überrascht, dass du an diesem Wunder des Lebens teilhast... Und jede Blüte erinnert dich daran, wie schön der Tanz des Lebens sein kann und wie vergänglich... Dann streust du deine Blütenblätter auf den Boden, neue Knospen öffnen sich und verblühen wieder... Und jedes Jahr bekommst du eine erste Blüte und eine letzte, und du kannst nicht sagen, welche dir lieber ist...

Der Wald

Erinnere dich an den typischen Duft von Nadelwald an einem heißen Sommertag... Lass dich von diesem Duft einladen in einen großen Wald... Hier kannst du alle möglichen Bäume finden: Tannen, Fichten, Zirbelkiefern, Lärchen und ab und zu auch einen Laubbaum... An einigen Stellen stehen die Bäume so dicht, dass es ganz dunkel ist, obgleich die Sonne hell scheint. An anderen Stellen siehst du, wie das Sonnenlicht schräg durch die Zweige fällt und geheimnisvolle Muster auf den dicken Nadelteppich malt, auf herabgefallene Tannenzapfen und abgebrochene Zweige...

Während du zwischen den Bäumen herumgehst, hörst du das Knacken von trockenen Zweigen unter deinen Füßen... Der dichte Nadelteppich dämpft deinen Schritt. Du hast das Gefühl, dass dieser Wald unnatürlich still ist. Wo sind all die Vögel geblieben, die hier sonst zu hören sind?...

Du siehst dich um und bemerkst einen großen Baum vor dir, der dich anzieht... Du trittst näher heran, um den Stamm des Baumes zu betrachten. Vielleicht ist es ein Nadelbaum, vielleicht stehst du vor einem der wenigen Laubbäume... Bemerke die Farbe und die Beschaffenheit der Rinde; bemerke, wie dick der Stamm ganz unten ist, wo er aus der Erde kommt...

Nun lass deinen Blick nach oben wandern, wo die Äste sich nach allen Seiten ausstrecken – dick und fest am Stamm und fein und beweglich an den Spitzen... Bemerke Farbe und Größe der Nadeln, oder wenn du einen Laubbaum siehst, dann betrachte die Gestalt der einzelnen Blätter... Berühre mit der Hand Blätter oder Nadeln, und wenn du Tannenzapfen, Eicheln oder Bucheckern findest, dann erforsche ihre Struktur mit dem Zeigefinger... Vielleicht streifen deine Finger auch ein paar Tropfen Harz, wenn du einen Ast untersuchst...

Wie hoch reicht dein Baum in den Himmel? Wie breit ist seine Krone? Wie alt mag dieser Baum sein? Nun stell dir vor, wie du dich fühlen würdest, wenn du dich in diesen Baum verwandeln könntest, um dessen Leben zu führen... Lass dir ein wenig Zeit, um ganz langsam mit diesem Baum zu verschmelzen... Wie fühlst du dich als dieser Baum?... Ist es ein gutes Gefühl?... Du kannst den Baum in der Phantasie verändern, um dich wohl fühlen zu können... Mach ihn größer oder kleiner, verändere seine Silhouette, verschaff ihm mehr Platz oder stell ein paar andere Bäume näher an ihn heran... Verändere den Baum und seine Umgebung so lange, bis du wirklich zufrieden bist mit deinem Leben als Baum...

Spüre zunächst deine Blätter oder Nadeln und deine Früchte... Dann bemerke, wie sich die Rinde anfühlt, die dich umgibt und schützt. Ist sie dick oder dünn, glatt oder rissig? Hat sie an einigen Stellen Verletzungen?

Dann bemerke deine Äste und Zweige... Die dicken, starken Äste und auch die kleinsten und feinsten Verzweigungen... Bemerke auch die Stellen, wo die Äste aus dem Stamm hervorkommen... Sind sie gut mit dem Stamm verbunden? Spüre die unterschiedlichen Temperaturen: Ganz oben, wo du von der Sonne beschienen wirst, und ganz unten, wo es nur Schatten gibt...

Nun geh mit deiner Aufmerksamkeit zu deinem Stamm... Spüre, wie der Saft in deinem Stamm aufsteigt und sich von dort auf alle Zweige verteilt... Spüre die Festigkeit deines Holzes und den Halt, den dir deine Wurzeln geben...

Wie verlaufen deine Wurzeln?... Reichen sie senkrecht tief hinab oder strecken sie sich eher flach nach allen Seiten aus?... Spüre, wie deine Wurzeln die Erde durchdringen, wie sie für Stabilität sorgen, für Wasser und Nahrung... An einigen Stellen überkreuzen sich deine Wurzeln mit den Wurzeln der Nachbarbäume. Wie fühlt sich das an?... Schätzt du die Gesellschaft anderer Bäume oder stehst du gern ein wenig abseits?... Was kannst du noch über dich als Baum in Erfahrung bringen?... Hast du viele Stürme überstanden?... Gibt es abgebrochene Äste oder abgestorbenes Holz?... Worauf wartest du als Baum an dieser Stelle?...

Wenn du diesen Baum genug erforscht hast, dann sei wieder du selbst und stell dich dicht an den Stamm deines Baumes. Du kannst dich mit dem Rücken dagegen lehnen, du kannst auch deine Arme um den Baum herumlegen... Wenn du das Gefühl hast, dass du diesem

Baum nahe gekommen bist, dann kannst du eine kurze Unterhaltung mit ihm führen. Du kannst ihm von deinem Leben erzählen, von deinen Wünschen und Hoffnungen... Vielleicht hat der Baum irgendeine Antwort für dich... Du kannst dem Baum aber auch mitteilen, worin du vielleicht eine Ähnlichkeit zwischen euch beiden siehst. Ist es der Wille zur Selbstbehauptung?... Die Übersicht und die weite Perspektive?... Ist es die Flexibilität, die Geduld?... Ist es das Empfinden von Frieden und innerer Stille?... Und schließlich kannst du dem Baum etwas wünschen... Wisse, dass du damit auch etwas Wichtiges für dich selbst tust... Kannst du spüren, dass dieser Baum dir ein Freund sein kann, ein Bruder oder eine Schwester?... (2 Minuten)

Nun ist es Zeit, dass du dich von dem Baum verabschiedest, aber du kannst das Empfinden innerer Kraft mit dir nehmen. Recke und strecke dich einmal kräftig, atme tief aus und öffne deine Augen... Sei wieder hier, erfrischt und wach...

Der Rosenstrauch

Du kannst diese Phantasiereise im Sitzen oder im Liegen machen. Wenn du deinen Körper in eine bequeme Position gebracht hast, gestatte deinen Augen, auszuruhen und sich zu schließen...

Nun stell dir vor, dass es ein warmer, sonniger Tag ist. Du bist irgendwo an der Küste, aber zwischen dir und dem Meer liegt ein hoher Deich, so dass du zwar die Brandung hören und das Wasser riechen kannst, aber das Meer siehst du noch nicht...

Wandere eine Weile am Fuß des Deiches entlang bis du zu einer steinernen Treppe kommst, die zur Krone des Deiches führt. Die Stufen sind verhältnismäßig hoch, so dass du dich sehr anstrengen musst, wenn du sie, eine nach der anderen, emporsteigst. Im Ganzen sind es zehn Stufen. Mach auf jeder eine kurze Pause und nimm einen tiefen Atemzug. Spüre, wie schwer sich deine Beine von diesen großen Schritten anfühlen...

Wenn du oben auf dem Deich angekommen bist, kannst du dir eine Pause gönnen. Atme die salzige Seeluft tief ein und blicke auf das weite Meer, das hinter einem breiten Strand beginnt...

Außer dir ist kein Mensch zu sehen. Du beobachtest ein paar Möwen, die an der Wasserlinie nach Nahrung suchen. Der Anblick gefällt dir. Du bleibst eine Weile stehen und genießt die Einsamkeit, die wärmende Sonne, das Panorama und die würzige Luft des Meeres...

Dann wanderst du ein kurzes Stück über den Deich und entdeckst wiederum zehn Stufen, die nach unten zum Strand führen. Du fängst an, diese Stufen hinabzusteigen, und zählst schweigend jede einzelne... Genauso, wie du es vorher getan hast, machst du auf jeder Stufe einen kurzen Halt, atmest tief ein und bemerkst die zunehmende Schwere in deinen Beinen...

Sobald du den Strand erreicht hast, spürst du die Wärme des Sandes, so dass dir selbst ganz warm wird. Langsam gehst du bis zur Wasserlinie... Der Sand ist sehr fein, deine Füße sinken tief ein, und das Gehen ist anstrengend. Das Gefühl der Schwere in deinen Beinen breitet sich auch in deinem Körper aus, und du wirst müde. Du hast Lust, dich auf den warmen Sand zu legen. Du streckst Arme und Beine aus und spürst unter dir die Wärme des Sandes und über dir die Wärme der Sonne...

Und wie du so in den feinen Sand einsinkst, fühlst du dich ganz locker und entspannt. Die Spannungen in deinem Körper scheinen sich aufzulösen und in den Sand zu fließen, während du so daliegst und einen Augenblick in den fast wolkenlosen Himmel schaust...

Ganz von selbst schließen sich deine Augen. In diesem Augenblick kannst du den salzigen Geruch des Meeres stärker spüren, und du atmest diese gesunde Luft ein paar Mal besonders tief ein. Wenn du mit der Zunge über deine Lippen fährst, schmeckst du das Salz des Meeres, das als feiner Nebel von der Brandung herüberweht. Du hörst den stetigen Rhythmus der Brandung, ahnst die Bewegung der Wellen, und ganz von selbst beginnst du, im gleichen Rhythmus zu atmen. Wenn du einatmest, hörst du, wie die Wellen sich auf dem Strand brechen, und wenn du ausatmest, hörst du, wie das Wasser gurgelnd zurückläuft...

Allmählich wird dein Geist ganz leer, und du fühlst dich ruhig und ausgeglichen. Und während alle Gedanken in den Hintergrund treten, kommt dir das Bild eines Rosenstrauches in den Sinn, und du weißt, dass dieser Rosenstrauch ein Symbol für dich selbst ist...

Betrachte den Rosenstrauch ganz genau. Zuerst kannst du den Platz betrachten, wo die Rose wächst, ihre Umgebung, Licht und Schatten, Feuchtigkeit oder Trockenheit und alles, was diese Umgebung sonst ausmacht...

Konzentriere dich nun auf die Pflanze selbst. Bemerke zunächst, ob die Rose in Blüte steht, ob sie Knospen hat oder vielleicht Früchte trägt...

Betrachte auch die Blätter, ihre Größe, die Farbe, ihren Zustand. Schau dir die Zweige an, ihre Farbe, ihre Stärke und die Art ihrer Dornen...

Sieh, wie die Pflanze aus dem Boden wächst und was das für ein Boden ist, in den sie ihre Wurzeln eingesenkt hat. Wie weit reichen die Wurzeln in den Boden? Mach dir ein genaues Bild von dem Wurzelwerk der Rose...

Und nun betrachte die ganze Rosenpflanze. Frage dich, was sie über dich und deine gegenwärtige Situation sagt. Wie gesund ist dieser Rosenstrauch? Was fehlt ihm? Was braucht diese Rose? Wie könntest du ihren Zustand beschreiben?... (2 Minuten)

Wenn du diese Fragen beantwortet hast, kannst du das Bild sich auflösen lassen. Du liegst wieder auf dem warmen Sand. Die Flut kommt, und das frische, warme Meerwasser berührt deine Füße. Du liegst da und genießt das Gefühl, wie das Wasser sanft über deinen ganzen Körper strömt. Stell dir vor, dass das Wasser des Meeres dich so erfrischt, dass alle Spannungen, alle Sorgen und Schmerzen von dir abgewaschen werden, dass alles Verbrauchte, alle Rückstände und Gifte aus deinem Körper entfernt werden...

Fühle dich tief erfrischt und kräftig. Öffne die Augen und steh auf. Geh mit schnellen, leichten Schritten wieder auf den Deich zu. Steig die Treppe wieder nach oben, diesmal schnell und ohne Anstrengung, aber zähle wieder die Stufen. Auf der Krone des Deiches kannst du eine kurze Pause machen und ein letztes Mal auf das Meer schauen. In diesem Augenblick wandert deine Aufmerksamkeit zu deinem Atem, und das Bild der See verblasst...

Reck und streck dich ein wenig, atme einmal tief aus und öffne dann deine Augen. Sei wieder hier, erfrischt und wach...

Der Apfelbaum

Mach es dir bequem – auf deinem Stuhl oder auf dem Boden – und schließ die Augen. Beginne ruhig und gleichmäßig zu atmen und geh mit deiner Aufmerksamkeit nach innen… Stell dir vor, dass du an einem angenehmen Ort bist, wo du es genießen kannst, einen Apfel zu essen. Was zeichnet diesen Ort für dich aus?…

Stell dir vor, dass du in deiner Hand einen köstlichen Apfel hältst. Wenn es irgendeine Apfelsorte gibt, die du bevorzugst, dann lass deinen Phantasieapfel von dieser Sorte sein, aber du kannst dir auch einen Apfel vorstellen, der ganz ungewöhnliche Eigenschaften hat.

Spüre das Gewicht der Frucht, ihre Festigkeit, ihre Rundung und die Glätte der wachsüberzogenen Schale. Hat dein Apfel einen Stängel? Bemerke immer mehr Einzelheiten – kleine Schorfstellen, kleine Dellen, den Glanz des Sonnenlichtes auf der Schale… Welche Farben zeigt dein Apfel? Ist er gelb, grün, orangegefarben oder rot?… Dann beiß hinein. Wie hört sich das an? Wie schmeckt das Fleisch dieses Apfels? Könntest du sein Aroma beschreiben?…

Nun nimm ein Messer und schneide den Apfel in zwei Hälften, damit du sehen kannst, was sich in seinem Inneren befindet. Betrachte das Kerngehäuse, die Kerne und die schimmernden Schnittflächen. Vergleiche auch Zeit zu Zeit das Bild deiner Hand und die Apfelhälften, die du hältst…

Lass dir Zeit, deinen Phantasieapfel ganz aufzuessen…

Jetzt kannst du die Augen für eine Weile wieder öffnen. Wie hat dir dieser Apfel geschmeckt? Vielleicht hast du ihn stärker beachtet als alle Äpfel, die du in letzter Zeit gegessen hast. Aber dein Apfel ist vermutlich noch nicht vollständig lebendig geworden. Wir haben schon viele Äpfel gegessen, aber meist schenken wir dem, was wir essen, nicht unsere ganze Aufmerksamkeit. Oft tun wir, während wir essen, noch etwas anderes. Wir unterhalten uns oder denken nach und schränken dadurch unsere sinnliche Wahrnehmung ein.

Ich werde dir jetzt einen richtigen Apfel geben. Du kannst ihn essen und von Sekunde zu Sekunde darauf achten, was geschieht. Konzentriere deine volle Aufmerksamkeit auf den Apfel und auf deine sinnlichen Wahrnehmungen beim Essen. Betrachte den Apfel genau. Betaste ihn, rieche daran, höre genau zu, wenn du in den Apfel beißt, schmecke und rieche, wie sich das Aroma des Fruchtfleisches in deinem Mund entfaltet. Lass dir Zeit. Und während du das alles tust, mach dir bitte klar, dass dies eine kleine Mahlzeit ist, mit der du dir frische Energie zuführst…

Nun schließ deine Augen wieder. Der Apfel, den du gerade gegessen hast, wird jetzt von deinem Verdauungssystem aufgenommen – er wird ein Teil von dir. Darum fällt es dir leicht, dich mit dem Apfel zu identifizieren. Sei dieser Apfel, den du gerade gegessen hast. Stell dir vor, dass du als dieser Apfel an einem Apfelbaum hängst, in einem schönen Obstgarten, draußen auf dem Lande…

Du kannst die warme Sonne auf deiner Schale spüren. Du fühlst die sanfte Brise des Sommers. Der Himmel über dir ist tiefblau, und du genießt es, wenn die Sonnenstrahlen deinen Apfelkörper wärmen. Manchmal kannst du auch den Duft all der anderen Äpfel bemerken, die mit dir in dem Obstgarten heranreifen. Es fühlt sich gut an, ein Teil der Natur zu sein…

Geh nun etwas in der Zeit zurück… Werde kleiner und kleiner und grüner… Werde noch kleiner, bis du dich in eine weiß-rote Apfelblüte verwandelt hast. Mit vielen anderen Blüten sitzt du an deinem Apfelbaum. Du spürst die warme Sonne auf deinen zarten Blütenblättern. Du hörst, wie die Bienen summen, während sie die Apfelbäume abfliegen, um Pollen zu sammeln. Du bist stolz darauf, dass deine Blüte so viele Pollen hervorgebracht hat. Du bist zufrieden, dass du ein fester Bestandteil eines unglaublich komplizierten Kreislaufs bist, an dem Sonne und Erde, Wasser und Luft, Bienen und die Jahreszeiten beteiligt sind…

Stell dir nun vor, dass du mehr bist als eine einzelne Apfelblüte. Sei jetzt der ganze Apfelbaum. Gestatte deiner Phantasie, in Stamm und Zweige des Baumes hineinzugehen. Spüre den Saft, der hinter deiner Rinde nach oben steigt, um Blätter und Blüten zu ernähren…

Spüre den nahrhaften Saft durch dich hindurchströmen... Folge diesem Energiestrom bis tief hinab in den Stamm des Apfelbaumes... Empfinde die Stärke des Stammes, die Zähigkeit des Holzes, das so kraftvoll sein muss, um die Zweige halten zu können, wenn sie im Herbst schwer mit reifen Äpfeln beladen sind oder wenn sie im Winter den Stürmen widerstehen müssen, die die Krone des Baumes schütteln...

Spüre aber auch die rauhe Oberfläche deiner Rinde... Spüre die vernarbten Wunden, wo einzelne Äste abgesägt worden sind, um deine Krone durchsichtig zu halten...

Geh jetzt mit deiner Aufmerksamkeit zu deinen Wurzeln hinab. Spüre, wie deine Wurzeln in die dunkle, feuchte Erde hinabreichen... Empfinde die schwarze Dunkelheit und rieche den Duft des fruchtbaren, lehmigen Bodens... Spüre all die kleinen unterirdischen Kreaturen, die sich in der Erde bewegen... Bemerke die kühle Feuchtigkeit der Erde, die Steine, die darin liegen, während deine Wurzeln sich fein verzweigen, um Wasser und Nährstoffe aufzusaugen...

Nun konzentriere dich auf das Wasser, das das Leben des Baumes erhält. Sei das Wasser in der feuchten Erde des Obstgartens. Stell dir vor, wie Gras und Wildblumen dich aufsaugen... Du ermöglichst all das Leben hier...

Tagsüber zieht die Wärme der Sonne dich nach oben. Empfinde, wie die Sonne dich verdunsten lässt, so dass du deine Gestalt veränderst und Wasserdampf wirst... Stell dir vor, wie deine Moleküle nach oben in den blauen Himmel steigen, angezogen von der heißen Sonne... Mit vielen anderen Molekülen bildest du eine weiße Wolke. Tief unter dir kannst du die Erde sehen, deinen Obstgarten, Wiesen und Felder... Ganz sanft schwebst du über den blauen Himmel...

Der Himmel wird nun dunkler, und es wird kühler. Ein Wind treibt die Wolke vor sich her. Du schließt dich mit anderen Wassermolekülen zu kleinen Regentropfen zusammen. Langsam fällst du hinab durch den kalten, grauen Himmel, tiefer und tiefer... Du benetzt die Blätter deines Apfelbaumes, dann fällst du auf die Erde und sickerst langsam hinab zu seinen Wurzeln... Von dort steigst du wieder als Saft empor, der Blätter und Blüten ernährt und die Äpfel wachsen lässt...

Sei nun noch einmal der Apfel, der an den Zweigen des Baumes hängt. Heute ist ein Regentag, und du hörst, wie die Tropfen auf Blätter, Zweige und Früchte prallen... Du spürst einen heftigen Wind, der Äste und Zweige bewegt, der den Duft der feuchten Erde zu dir hinaufwirbelt... Mach dir klar, dass der Apfel, den du vorhin gegessen hast, in diesem wundervollen Kreislauf der Natur entstanden ist und dass dieser Apfel jetzt von Augenblick zu Augenblick ein Bestandteil deines Körpers wird... Erde, Wasser, Luft und Sonne werden durch den Apfel ein Teil von dir...

Und wenn du gleich mit deiner Aufmerksamkeit hierher zurückkehrst, dann bring dieses Gefühl mit zurück, dass du ein Teil der Erde bist, die schon immer da war und die immer da sein wird. Reck und streck dich ein wenig und atme einmal tief aus. Nun öffne deine Augen und sei wieder hier, erfrischt und wach.

Mit einer
Pflanze sprechen

Stellen Sie zuvor eine Topfpflanze in die Mitte des Kreises, z. B. einen Ficus, einen Farn, eine Orchidee, eine Topfrose, Primeln, eine Hyazinthe, Narzissen etc.

Bitte schau auf die Pflanze in unserer Mitte… Fang an, langsam und tief zu atmen, und versuche, im selben Rhythmus zu atmen wie die anderen Gruppenmitglieder…

Und nun schau weiter auf die Pflanze und beginne, mit den anderen leise zu singen. Sing einfach den Vokal „O" und versuche, die gleiche Tonhöhe zu treffen, wie alle anderen auch. Schau dabei auf die Pflanze und lass ihr Bild tief in dich einsinken… Präge dir das Bild der Pflanze so gut ein, dass du es nicht so schnell wieder vergessen kannst… (3 Minuten)

Betrachte nun die Pflanze ganz still weiter und konzentriere deine ganze Aufmerksamkeit auf sie. Mach dir dabei bewusst, dass wir uns selten die Zeit nehmen, uns so vollständig auf eine Pflanze zu konzentrieren. Wir freuen uns, wenn wir durch einen Garten gehen; wir genießen den Anblick eines blühenden Obstbaumes; vielleicht begrüßen wir auch jenen alten Baum, auf den wir als Kinder geklettert sind. Wir empfinden mehr oder weniger Dankbarkeit für diese Pflanzen, die uns ästhetisch ansprechen, deren Früchte wir schätzen, die uns Schatten spenden oder an glückliche Zeiten erinnern, aber wir kommen selten auf den Gedanken, eine Pflanze zu streicheln, mit ihr zu sprechen und über sie zu meditieren. Wir würden auch kaum auf den Gedanken kommen, einer Pflanze zu erzählen, was wir gerade denken und fühlen, weil wir nicht damit rechnen, dass die Pflanze uns verstehen könnte. Wir gehen davon aus, dass Pflanzen und Menschen sich so sehr unterscheiden, dass sie nicht miteinander interagieren oder kommunizieren können…

Aber du kannst jetzt versuchen, deine innere Verbindung zu dieser Pflanze zu verstärken, indem du sie ganz aufmerksam betrachtest und dir sagst, dass du nicht nur die Pflanze in diesem Topf betrachtest, sondern dass du die Unendlichkeit anschaust. Pflanzen gab es schon lange, ehe noch die ersten Menschen über diese Erde gingen, und sie werden noch Tausende, ja wahrscheinlich Millionen von Jahren existieren... Und was ist die Unendlichkeit?... Die Unendlichkeit können wir nicht sehen oder hören. Wir können sie auch nicht berühren. Die Unendlichkeit steckt nicht in der sichtbaren Welt, wir begegnen ihr nicht im Wind oder in den Wolken, im Wasser oder im Feuer, sondern in jener leisen Stimme, durch die wir uns mit Feen oder Elfen unterhalten können. Oft sind es ganz kleine Dinge – ein Samenkorn, eine einzelne Blüte, ein Blatt, das vom Baum fällt – das uns dazu bringt, dass wir nach innen schauen, und dann ist es uns möglich, das Herz aller Dinge zu verstehen... (2 Minuten)

Ich werde die Pflanze jetzt nach draußen tragen. Blicke bitte weiterhin konzentriert auf den Platz, wo die Pflanze stand. Stell dir vor, dass sie immer noch da ist, und glaube daran, dass das wirklich so ist, und meditiere über die Pflanze, die immer noch da ist... (3 Minuten)

Nun werde ich die Pflanze wieder in die Mitte stellen. Bitte berücksichtige, dass wir bis heute nicht sagen können, wieviel Bewusstsein eine Pflanze hat. Aber rechne damit, dass auch diese Pflanze über ein Bewusstsein verfügt. Wenn du weiter auf die Pflanze schaust, dann lass dies tief in dich einsinken, dass auch Pflanzen ein Lebewesen und ein Bewusstsein sind. Und schon seit ältesten Zeiten haben die Menschen geglaubt, dass auch Pflanzen Gefühle haben. Wenn sie einen Baum fällten, um Holz für den Bau eines Hauses zu gewinnen, dann haben sie sich bei dem Baum entschuldigt. Unsere Vorfahren haben geglaubt, dass bestimmte Pflanzen, wie z. B. die Alraune, erschrocken schreien, wenn sie aus dem Boden gerissen werden. Pflanzen verfügen über mindestens 20 verschiedene Möglichkeiten der sinnlichen Wahrnehmung. Einige ihrer Sinne funktionieren so ähnlich wie unsere eigenen, darum wissen manche Gärtner, dass sie mit Büschen und Blumen kommunizieren können. Durch eine Art Telepathie können sie ahnen, was die Pflanzen ihnen zu sagen haben. Die Grundlage für diese Telepathie ist ihre Zuneigung zu den Pflanzen. Zuneigung ist etwas, was die Pflanzen spüren können, und Zuneigung ist die Voraussetzung, dass wir uns den subtilen

Signalen öffnen, die uns die Pflanzen geben können. Und ich glaube, dass es so etwas gibt wie eine Einheit des Lebens, ein Bewusstseinsfeld, an dem alles, was auf der Erde ist, Teil hat – Menschen, Tiere Pflanzen, aber auch die Erde, Steine und Wasser...

Darum schließ nun deine Augen, atme weiter tief und regelmäßig und versuche die Pflanze zu hören, die hier in unserer Mitte steht. Benutze dein Einfühlungsvermögen, um zu erfühlen, was in der Pflanze vorgeht. Stell dich ein auf das Bewusstsein dieser Pflanze...

Und jetzt glaube bitte für die Dauer dieses Experimentes, dass in dieser Pflanze ebenfalls Geist ist und dass du mit diesem Geist kommunizieren kannst... Du kannst die Pflanze fragen, ob sie irgendetwas Wichtiges zu sagen hat. Vielleicht hat sie irgendetwas, worauf sie aufmerksam machen möchte, was sie dich lehren will...

Die Antwort der Pflanze erlebst du vielleicht in deinem Körper als Wärmestrom, als ein leises Vibrieren deiner Muskeln, vielleicht durch ein Gefühl, ein Bild, einen Klang oder auch direkt als Worte... Das Einzige, was du tun musst, ist dieses: Sei ganz offen, nimm alles auf und lass dich überraschen, auf welchem Wege sich die Pflanze dir mitteilt... (1 Minute)

Nun öffne die Augen und betrachte die Pflanze wieder, beobachte alle Veränderungen an der Pflanze, bemerke alles, was du jetzt anders siehst als vorher... (1 Minute)

Identifiziere dich jetzt bitte mit der Pflanze... Sei für eine kurze Weile diese Pflanze... Spüre, wie es ist, diese Pflanze zu sein und erlebe ihre Existenz... Wozu bist du da?... Was sind deine Hoffnungen und Befürchtungen?... Wem fühlst du dich nahe?... Vor wem hast du Angst?... Wie ist deine Beziehung zu den Menschen?... (2 Minuten)

Nun komm zu deinem Alltagsbewusstsein zurück. Reck und streck dich ein wenig und atme einmal tief aus... Schau dich im Raum um und betrachte alles wieder aus der Distanz, die für deine Handlungsfähigkeit erforderlich ist... Sei mit deiner Aufmerksamkeit wieder hier, erfrischt und wach...

Der Kürbis

Sei ein Kürbis... Du wächst auf einem Komposthaufen... Erst nach den Eisheiligen wurdest du dort eingepflanzt. Bis dahin bist du in einem Blumentopf auf der Fensterbank vorgezogen worden. Die Frühlingssonne hat dir die notwendige Wärme geschenkt, die du zum Wachsen brauchst. Jetzt thronst du oben auf dem Kompost und schickst deine Wurzeln nach allen Seiten in die Erde. Dies ist ein guter Standort, weil du so einen ungeheuren Appetit auf Stickstoff hast. Wenn du von erfahrenen Menschen gepflanzt wurdest, dann haben sie dich zunächst mit einer zweiten Kürbispflanze eingesetzt. Sie haben genau beobachtet, welche Pflanze die Stärkere war und haben die Schwächere nach drei Wochen entfernt. Nun kommen sie jede Woche einmal und hacken den Boden in deiner Umgebung, damit er locker bleibt. Manchmal wirst du mit Kräuterjauche gegossen, damit du groß und stark wirst. Und wenn es nicht regnet, wirst du jeden Tag gewässert. Im Juni bekommst du die erste Blüte. Da du männliche und weibliche Blüten hast, kannst du dich selbst befruchten. Bald bedecken deine Triebe den ganzen Komposthaufen, und deine Wurzeln bilden ein weitverzweigtes Netzwerk, das pausenlos deinen Appetit auf Wasser und Nährstoffe befriedigt. Damit du eine besonders große Frucht haben kannst, werden deine Seitentriebe gekappt, und auch der Haupttrieb wird verkürzt. Du lässt diese Prozedur über dich ergehen und schickst alle Kraft in deine eine Frucht, damit diese bis zum Oktober riesengroß werden kann...

Manchmal bekommst du Besuch von den Kindern aus der Stadt. Sie staunen, dass du so schnell wächst, und sie rufen begeistert: „Der Kürbis ist schon wieder gewachsen. Ist der riesig!" Diese Anerkennung freut dich, aber du behältst trotzdem das Gefühl, dass du nicht genug Beachtung findest. Du würdest gern von dir erzählen, von den vielen verschiedenen Kürbissen, die es überall auf der Welt gibt, von den vielen leckeren Rezepten, nach denen du in der Küche zubereitet werden kannst. Aber noch lieber würdest du davon erzählen, wie wichtig du für die Menschen gewesen bist und wie du es geschafft hast, dass du auf allen Kontinenten der Erde wächst... Aber weder die Erwachsenen noch die Kinder können sich vorstellen, dass du so viel zu erzählen hättest. Sie sind von deiner Gestalt beeindruckt und freuen sich schon auf den Herbst – auf Kürbissuppe, auf Kürbispüree, auf Kürbispesto und auf Kürbisragout.

Wer könnte dich verstehen?... Es müsste jemand sein, der fremde Länder kennt und selbst auf weite Reisen gegangen ist... Da lässt sich eine Singdrossel zwischen deinen Blättern nieder und beginnt nach Regenwürmern zu suchen. Du fragst deine Besucherin, ob sie dir zuhören möchte. Erwartungsvoll schaut dich die Drossel an, und du beginnst zu erzählen:

„Meine Vorfahren stammen aus Afrika. Vor 40.000 Jahren haben mich die Menschen dort ausgesät, und rate einmal wo? Genau wie hier wuchsen meine Vorfahren auf den Abfallhaufen gleich hinter den Hütten der Menschen. Aber Kürbisse sind reiselustig. Einige meiner Brüder und Schwestern sind auf eigene Faust um die ganze Welt gereist. Wir sind nämlich vorzügliche Schwimmer, und lange schon ehe es die ersten Menschen gab, haben wir uns über den Atlantik tragen lassen, bis nach Brasilien. Das waren allerdings meine nahen Verwandten, die Flaschenkürbisse. Sie können über ein Jahr im Salzwasser überleben und behalten ihre keimfähigen Samen. Aber wir sind nicht nur nach Südamerika geschwommen, sondern auch in den Fernen Osten, nach Thailand und Indonesien zum Beispiel, und überall entdeckten die Menschen, was für wunderbare Pflanzen wir sind..."

Du machst eine Pause. Es ist nicht leicht für dich, einem Vogel von dir zu erzählen. Du bist erschöpft und möchtest dich ausruhen. Du verabschiedest dich von der Drossel, die dir zuflötet: „Lebe wohl Kürbis. Wenn ich im Herbst wieder das Meer überquere, werde ich an dich denken." In den nächsten Wochen konzentrierst du dich ganz auf dein Wachstum. Du spürst, wie du größer und größer wirst und fest in deiner Mulde auf dem Komposthaufen liegst. Und auch wenn ein Gewittersturm durch den Garten braust, bleibst du unerschütterlich liegen, du fühlst dich ganz sicher. Kein Tier hat Lust an dir zu picken oder zu nagen. Deine Schale ist viel zu dick...

Nach einiger Zeit hast du wieder das Bedürfnis, etwas über dich zu erzählen. Diesmal müsste es jemand sein, der etwas von Höhlen versteht. Wieder hast du Glück – eine Blaumeise setzt sich auf dich, um sich eine Weile auszuruhen. Du fragst sie einfach, ob sie bereit ist dir zuzuhören, und du beginnst zu erzählen:

„Die ersten Menschen hatten ein großes Problem. Sie hatten sehr geschickte Hände, aber wenn sie vier oder fünf verschiedene Dinge gleichzeitig tragen wollten, machten sie eine frustrierende Erfahrung: Irgendetwas fiel ihnen immer auf den Boden. Und wenn sie es aufheben wollten, fiel ihnen irgendetwas anderes aus der Hand. Eines Tages entdeckten sie eine halbe Kürbisschale auf dem Boden. Hier hatten sie die Lösung! Sie konnten viele verschiedene Dinge in diesen Behälter legen und sicher transportieren. Bald trugen sie nicht nur Nüsse oder Früchte in den Kürbisschalen, sondern sie konnten sogar Wasser vom Fluss holen, um ihren kleinen Kindern im Busch zu trinken zu geben. Seit dieser Zeit waren Menschen und Kürbisse eng befreundet, und es dauerte nicht lange, da entdeckten die Menschen, dass sie noch viel mehr aus uns machen konnten – Teller und Tassen, Wasserflaschen, Löffel und Pfeifen, Masken und Vogelhäuser... Und irgendwann kamen die Menschen auf den Gedanken, die ersten Musikinstrumente aus uns zu machen – Rasseln und Marimbas, Pfeifen und Trompeten. Für ihre Saiteninstrumente benutzten sie uns als Resonanzkörper. So sorgte der Kürbis dafür, dass die ersten Zittern und Sitars in Indien gebaut werden konnten..."

Du bist stolz darauf, dass deine Vorfahren eine so große Bedeutung für die Kultur hatten... Die Meise nickt anerkennend mit dem Kopf und putzt sich ihren Schnabel an deiner dicken Schale, ehe sie wegfliegt. Du bist zufrieden, dass du es geschafft hast, der Meise von deinen Vorfahren zu erzählen. Schließlich lebt sie auch in höhlenartigen Nistkästen und kann daher den Wert deiner „Naturhöhle" schätzen...

Wieder vergehen einige Wochen. Du wächst und wächst und wirst immer schwerer und prächtiger. Aus der Ferne siehst du aus wie eine riesige gelbe Schildkröte, die sich hierher verirrt hat. Und wieder hast du das Bedürfnis, noch etwas von deiner Vergangenheit zu berichten.

Diesmal möchtest du den Versuch machen, mit einem Menschen zu sprechen. Ob das wohl klappt? Da kommt die Frau, die den Hausgarten pflegt, müde vorbei und setzt sich in deiner Nähe auf eine alte Kiste. Sie hat Unkraut gejätet, so wie sie es gelernt hat. In Reih und Glied stehen da die Stangenbohnen, Karotten, Zwiebeln, Sellerie und Porree, alles schön ordentlich, wie eine kleine Armee aus Pflanzen. Du findest diese Art des Gemüseanbaus befremdlich. Warum macht sich die arme Frau so viel Mühe? Du fragst die Frau, ob sie bereit ist, dir zuzuhören. Und da die Frau so müde ist und ihr Rücken vom Bücken schmerzt, bleibt sie tatsächlich sitzen und hört dir zu. Du beginnst mit einer kühnen Feststellung:

„Wir Kürbisse haben den Menschen gezeigt, wie man Pflanzen anbaut. Zuallererst haben die Menschen uns da gepflückt, wo sie uns gefunden haben, irgendwo im Wald. Dann haben sie uns geöffnet, und unser Fruchtfleisch herausgeholt. Die Kerne und alle anderen Reste haben sie dann auf ihren Abfallhaufen geworfen. Und im Handumdrehen sahen sie dann, dass wie durch Zauberei neue Kürbispflanzen aus der Erde kamen. Sie mussten die schweren Kürbisse nicht mehr in der Natur suchen – die Kürbispflanze war zu ihnen gekommen. Sie dankten den Göttern für dieses Geschenk. Und dann hatten sie verstanden! Bald streuten sie auch die Samen von anderen Pflanzen auf ihre Abfallhaufen: Bohnen, Baumwolle, Mais und Maniok, Gräser und Kräuter, medizinische Pflanzen zur Heilung von Verletzungen und Krankheiten. Die Abfallhaufen waren fruchtbar. Sie hielten die Feuchtigkeit und ließen die Pflanzen schnell wachsen. Alles wuchs durcheinander und brachte gute Erträge. Es gab wenig Unkräuter, weil dazu gar kein Platz war. Diese Hausgärten machten wenig Arbeit. Und auch heute gibt es diese praktischen Hausgärten, die so chaotisch aussehen, überall in der Welt, in ganz Südamerika, in Asien und Afrika."

Und zum Schluss möchtest du noch eine Frage loswerden. Du fragst die Frau: „Wie sind die Bauern auf die Idee gekommen, immer nur eine Art auf einem Feld anzubauen? Dadurch gibt es doch mehr Unkraut, und die Pflanzen sind viel anfälliger für Krankheiten."

Darauf weiß die Frau keine Antwort. Aber sie findet die Idee mit der geheimnisvollen Unordnung des Hausgartens verführerisch, weil sie es im Grunde hasst, so viele Stunden zu hacken und zu jäten. Zum Abschied legt sie dir sogar freundschaftlich die Hand auf deine Schale, und du hörst sie einmal tief seufzen...

Jetzt bist du zufrieden, dass du das meiste, was du von deinen Vorfahren weißt, losgeworden bist... Nun kannst du auf den Herbst und die Erntezeit warten... Du weißt, dass es überall auf der Erde viele Milliarden Kürbispflanzen gibt, in unendlich vielen Varianten. Auch heute werdet ihr auf der ganzen Welt geschätzt, und du bist ganz sicher, dass ihr nie aussterben werdet, weil ihr so anpassungsfähig seid... Ihr lebt schon so lange auf der Erde, und ihr habt die Kraft, das auch weiterhin zu tun... Du spürst, dass deine Existenz ein Wunder ist. Das macht dich zufrieden und glücklich...

Blatt im Herbst

Setz dich bequem hin und schließ die Augen... Atme dreimal tief aus und lass das Gefühl der Entspannung deinen ganzen Körper füllen...

Sei ein einzelnes Blatt, das ganz oben am Zweig einer großen Buche hängt. Den ganzen Sommer hast du dort verbracht. Du hast gesehen, wie die Sonne aufgeht... Du hast die Wärme des Mittags genossen und die Kühle der Nacht, und du hast viele Male gesehen, wie die Sonne untergeht... Regen hat dich erfrischt... Das Sonnenlicht hat dich wachsen lassen, und die Wurzeln der mächtigen Buche haben dich ernährt... Bemerke, wie dein Stängel an dem kleinen Zweig befestigt ist... Bemerke auch deine wunderschöne Farbe – orangegelb und ocker... Bemerke deine Form, deine feine Spitze und deine sanft geschwungenen Ränder... Spüre deine Oberfläche – trocken und noch elastisch... Schau dich um und sieh Tausende von anderen Buchenblättern, die sich alle ein klein wenig von dir unterscheiden...

Spüre, wie du hin und her schwingst, wenn ein kräftiger Herbstwind von Nordwesten weht... Höre das Rauschen in Blättern und Zweigen, wenn die riesigen Äste dem Winde nachgeben... Bemerke, wie der Wind einzelne Blätter von ihren Zweigen löst und sie auf geheimnisvollen Bahnen auf den Boden segeln lässt...

Spüre, wie der Wind auch an dir zieht und zerrt... Bemerke, wie anstrengend es ist, dem Wind Widerstand zu leisten. Lass einfach los und überlass dich dem Wind, der dich erfasst... Lass dich herumwirbeln, so dass du die Orientierung verlierst... Schließlich liegst du friedlich auf dem Boden zwischen Moos und trockenen Zweigen...

Über dir, in der Krone der Buche, tobt der Wind, aber hier unten ist es ganz still, und du kommst zur Ruhe...

Jetzt wird es dunkel, und du bemerkst, dass du von feinen Tautröpfchen benetzt wirst... Um dich herum hörst du die Geräusche der Nachttiere... Manchmal krabbelt ein Käfer über dich hinweg, aber das stört dich nicht... Du fühlst dich hier ganz sicher... Du genießt die Ruhe der Nacht und beginnst zu träumen... Du malst dir aus, wie es sein wird, wenn du dich in Humus verwandelst... Du stellst dir vor, wie Teile von dir von den Wurzeln der Buche als Nahrung aufgenommen werden, und du freust dich, dass du helfen kannst, damit der große Baum immer wieder frische, grüne Blätter treiben kann... Und in den neuen Blättern wirst du auch selbst sein. Du bleibst im unendlichen Zyklus des Lebens...

Und nun komm hierher zurück... Reck und streck dich ein wenig... Atme einmal tief aus und öffne die Augen... Sei wieder hier, erfrischt und wach...

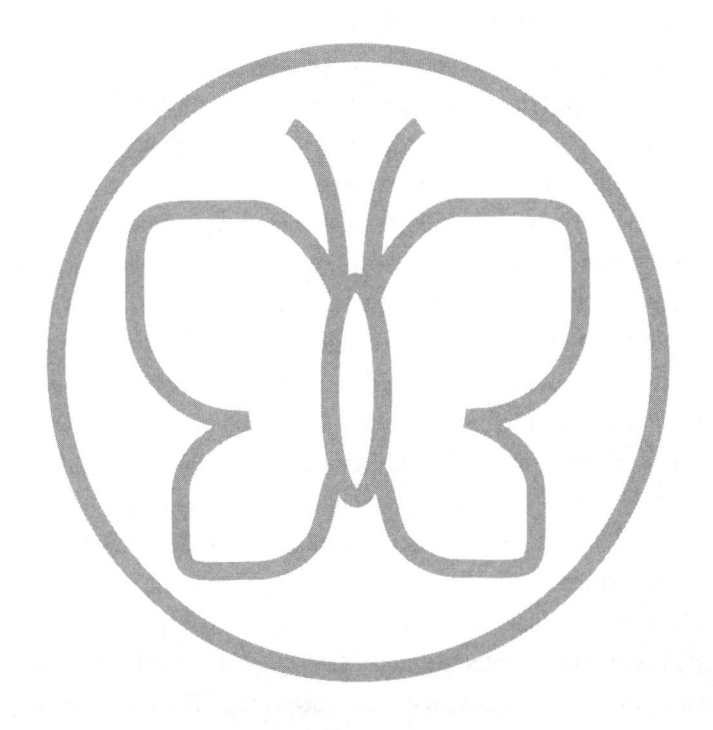

Fühlen wie ein Tier

Die
Raupe

Stell dir vor, dass du eine Raupe bist, eine kleine Spannerraupe. Hellgrün ist deine Farbe, so dass du dich gut getarnt zwischen Zweigen und Blättern bewegen kannst. Spüre die Biegsamkeit deines kleinen Körpers, während du auf einem dicken Ast entlangwanderst... Mit deinen zierlichen Hinterbeinen hältst du dich fest, während du deinen Körper nach vorn schiebst. Du kannst dich ganz lang machen... Dann hältst du dich mit deinen Vorderbeinen fest und ziehst den hinteren Teil deines Körpers nach. Dabei machst du einen schönen Bogen... Nur die Raupen können sich so bewegen, indem sie einen Bogen nach dem anderen mit ihrem zierlichen Körper machen... Du bist ganz neugierig und untersuchst deine Umgebung... Du verlässt die dicken Äste und suchst die zarten Zweige. Unbeirrbar schiebst du dich nach vorn... Zentimeter für Zentimeter...

Plötzlich hörst du ein Flügelrauschen und siehst, dass eine Blaumeise sich auf deinem Zweig niedergelassen hat. Das ist gefährlich!... Die kleine Meise ist dir einfach zu nahe gekommen und darum musst du dich jetzt blitzschnell in Sicherheit bringen... Du lässt dich an einem feinen Seidenfaden nach unten fallen, den du aus einer kleinen Drüse unter deinem Maul spinnst... Und nun baumelst du an deinem selbstgemachten Rettungsseil... Du hast Glück, die Meise sieht dich nicht und fliegt weiter zu einem anderen Baum...

Während du an deinem Rettungsseil hängst, lässt dich ein sanfter Windhauch leicht hin und her schwingen... Sonnenlicht fällt durch die Blätter des Baumes, und es ist warm und behaglich...

Nun entschließt du dich, zurück auf deinen Zweig zu klettern. Mit den Vorderfüßen rollst du deinen Seidenfaden auf und ziehst dich Zentimeter um Zentimeter in die Höhe, bis du wieder auf dem Zweig angelangt bist... Sobald du wieder festen Boden unter deinen Hinterbeinen hast, verankerst du dich mit ihnen dort und streckst deinen Körper in die Höhe, so dass du selbst wie ein kleiner Zweig aussiehst... Du hältst deinen Körper ohne Anstrengung ganz still und bist jetzt vollkommen unsichtbar für deine Feinde, die Vögel... Nach einer Weile gewinnst du deine innere Balance wieder. Du musst dich nicht länger tarnen, und du kannst deinem Körper seine natürliche Beweglichkeit zurückgeben. Bogen für Bogen kriechst du den Zweig weiter entlang... Feine Tautröpfchen, in denen die Sonne glitzert, ziehen dich magisch an. Du machst noch einmal eine kurze Pause, um zu prüfen, ob du jetzt ganz sicher bist. Dann entschließt du dich, in den feinen Wassertröpfchen zu baden. Zuerst legst du dich mit dem Bauch auf einen winzigen Tropfen, dann rollst du dich auf den Rücken und spürst überall die erfrischende Feuchtigkeit auf deiner Haut... Du reckst und streckst dich und spürst, wie angenehm sich der Tau auf deinem Körper anfühlt...

Nun bemerkst du, dass du Appetit bekommen hast. Du kletterst auf ein Blatt und beißt kleine Stückchen davon ab. Das junge Blatt stillt deinen Appetit... Und das Loch, das du gefressen hast, eignet sich hervorragend als Versteck, denn du spürst, dass du nach all den Abenteuern dieses Morgens eine Pause verdienst. Du bist angenehm müde, darum rollst du dich an die Stelle des Blattes zusammen, die du vorher herausgebissen. Die Silhouette des Blattes ist nun wieder völlig intakt. Hier bist du sicher und niemand kann dich entdecken. Du kannst in der warmen Sonne ausruhen und es genießen, dass du von dem Blatt sanft geschaukelt wirst... Du kannst dich deinen Träumen überlassen... Vielleicht stellst du dir schon vor, dass du eines Tages ein kleiner Schmetterling wirst, der genauso gut fliegen kann wie all die Meisen, vor denen du dich jetzt noch hüten musst. Du wirst Flügel haben, die dir mehr Schnelligkeit geben und mit denen du deine Ziele noch leichter erreichen kannst als jetzt. Alle diese guten Aussichten machen deinen Morgenschlaf sehr angenehm.

Der
Lachs

Sei ein winzig kleiner Lachs... Du bist gerade aus deinem Ei geschlüpft und bist noch winzig klein... Unter deiner Bauchhaut hast du noch einen Vorrat an Eigelb als Nahrung für die ersten Wochen. Deine Heimat ist das kühle, klare Wasser eines Flusses, der aus dem Gebirge kommt. Um dich herum schwimmen Millionen anderer junger Lachse, die ebenfalls in diesen Tagen das Licht der Welt erblickt haben...

Neugierig schwimmst du herum, und ab und zu versteckst du dich hinter großen Felsbrocken oder in den Höhlen am Ufer... Nach ein paar Wochen hast du deinen Nahrungsvorrat verbraucht und bist nun bereit, kleine Tiere und Pflanzenteile zu fressen... Dein erster Sommer geht vorbei, dann der Herbst und der Winter, und im folgenden Frühling bist du schon sehr viel größer geworden... Du schwimmst schnell und geschickt und bist in der Lage, kleinere Fische zu fressen, aber du musst natürlich aufpassen, dass du nicht selbst die Beute eines größeren Fisches wirst... Eines Tages schwimmst du an den Wurzeln einer alten Erle vorbei, und plötzlich siehst du die Umrisse eines riesigen Fisches. Eine große Forelle schießt auf dich zu... Du schwimmst so schnell du kannst, und du spürst, dass dein Herz anfängt, wie wild zu schlagen... Zwischen zwei großen Felsbrocken entdeckst du eine schmale Spalte, und mit letzter Kraft versteckst du dich dort... Die Spalte ist zu klein für die Forelle. Hier kannst du in Ruhe abwarten, dass die hungrige Forelle weiterschwimmt, um sich nach neuer Beute umzusehen.

Bald erlebst du deinen zweiten Sommer. Du bist nun ein wunderschöner zweijähriger Lachs. Jetzt produziert deine Schilddrüse Hormone, die dich unruhig machen. Aber vor allem lassen sie deine Nasenschleimhaut gewaltig wachsen, so dass deine Nase zu Höchstleistungen fähig wird. Jetzt kannst du dir den Geruch all der Gewässer merken, durch die du schwimmen wirst. Du hast nur einmal Gelegenheit, dir alle diese Gerüche einzuprägen, und du musst sie dir viele Jahre merken, damit du später an deinen Geburtsort zurückkehren kannst. Aber das fällt dir nicht schwer. Du hast eine Supernase und ein Supergedächtnis und bewahrst in deinem Gehirn eine geruchliche Landkarte deines Weges auf.

Ja, du möchtest deine Heimat verlassen und in Richtung Meer flussabwärts schwimmen... Allmählich wird der Fluss tiefer und wärmer, die Ufer liegen weit auseinander, so dass die Uferbäume keinen Schatten mehr spenden. Manchmal kommst du in eine Stromschnelle. Hier rauscht das Wasser mit hoher Geschwindigkeit über riesige Felsblöcke, und du hörst das Brodeln und Zischen des Stromes. In hohem Bogen springst du über die Felsen und tauchst in strudelnde Wasserbecken. Zuerst musst du deinen ganzen Mut zusammennehmen, weil du so etwas noch nicht erlebt hast, aber du lernst schnell, aus dem Wasser zu springen und im Fluge deine Richtung so zu ändern, dass du kopfüber in tieferem Wasser ankommst und die Steine vermeidest... Deine Sehnsucht nach dem Meer wird immer stärker... Du schwimmst Tag und Nacht, bis du zum ersten Mal Salz schmeckst... Da weißt du, dass du dem Meer schon ziemlich nahe gekommen bist. Hier gibt es keine Stromschnellen mehr, dafür begegnen dir riesige Schiffe, deren Motorenlärm dich erschreckt...

Endlich bist du im Meer angekommen. Jetzt musst du noch einige Monate weiterschwimmen, Tausende von Kilometern, bis du dein Ziel erreicht hast... Dein Ziel ist ein riesiger blau-grüner Ozean, wo du mit anderen Lachsen einen Schwarm bilden wirst... Hier gibt es viele kleine Fische, von denen Lachse sich ernähren können, und junge Lachse haben großen Hunger, weil sie in zwei Jahren erwachsen sein müssen...

Im dritten Lebensjahr bestehst du ein gefährliches Abenteuer: Ein großes Schleppnetz kommt von hinten auf dich zu. Du musst dich beeilen, um nicht von diesem Netz eingefangen zu werden. Einige deiner Genossen bleiben in dem Netz hängen, und du siehst sie nie wieder...

In deinem vierten Sommer wirst du unruhig,. Du erinnerst dich an den kleinen Fluss, in dem du geboren wurdest... Du machst dich auf die Reise, um genau zu diesem Fluss zurückzukehren... Jetzt hilft dir die Landkarte, die du in deinem Gehirn gespeichert hast. Du schwimmst immer der Nase nach: Zuerst kommst du an die Küste, und dann suchst du deinen Fluss... Du bist froh, als du das besondere Wasser deines Flusses riechen kannst. Nun musst du nur noch stromauf schwimmen, gegen die Strömung... Je weiter du schwimmst, desto deutlicher kannst du den besonderen Duft des heimatlichen Wassers bemerken...

Aber auch hier musst du noch Abenteuer bestehen: Am Ufer stehen Angler, die nur darauf warten, die zurückkehrenden Lachse zu fangen. Du vermeidest ihre Köder und den kräftigen, unsichtbaren Haken, obwohl du großen Hunger hast, denn während deiner Reise hast du noch nichts gefressen... Du bist müde und hungrig, aber du schwimmst unermüdlich weiter...

Irgendwann kommst du an eine große Betonmauer. Du schwimmst hin und her... Große Wassermassen prasseln über die Mauer zu dir herab; der Weg scheint versperrt... Schließlich findest du am Ufer eine schmale Fischtreppe. In Stufen rauscht das Wasser dir hier entgegen. Diese Stufen sind so dicht beieinander, dass du sie in großen Sprüngen, eine nach der anderen überwinden kannst... Oben angekommen bist du so müde, dass du eine Weile im Uferwasser stehen bleibst, um dich zu erholen...

Aber du lässt dir nicht lange Zeit. Bald ziehst du weiter... Nach einigen Tagen wird der Fluss schmaler, und das Wasser wird kälter... Schließlich kommst du an die Stromschnelle, an die du dich erinnerst. Hier rauscht das Wasser über große und kleine Felsen, und du weißt nicht, ob du dieses Hindernis überwinden kannst. Du nimmst einen großen Anlauf und schwimmst so schnell es geht darauf zu. Dann springst du hoch in die Luft. Durch den kühlen Wassernebel kannst du das Sonnenlicht sehen, die grünen Blätter der Bäume und die Farben eines Regenbogens... Du hast nur einen winzigen Augenblick Zeit, das alles zu sehen, dann platschst du wieder in das Wasser und weißt, dass du es geschafft hast. Du gelangst wieder in tiefes, ruhigeres Wasser und ziehst weiter... Du spürst, dass du nicht mehr so viel Energie hast, und du bist ziemlich mager geworden... Vor dir gabelt sich der Fluss, aber du nimmst ganz deutlich wahr, dass du dich links halten musst, um deine Heimat zu erreichen...

Ganz langsam schwimmst du weiter, erschöpft, aber zufrieden, weil du spürst, dass du bald ankommen wirst... Du erkennst schon einige der großen Felsblöcke wieder, die dir damals Schutz gegeben haben, als du noch ein Babylachs warst...

Jetzt bist du am Ziel... Mit letzter Kraft suchst du dir eine geschützte Stelle am Rand des Flusses und presst all die Eier aus deinem Bauch, die du während deiner Wanderung gebildet hast... Um dich herum kannst du Hunderte von Lachsen sehen, die dasselbe tun, die Eier ablegen oder milchiges Sperma darüber ablassen... Du fühlst dich leicht und zufrieden, weil du diese wichtige Aufgabe erfüllt hast, aber du fühlst dich auch leer, und du weißt, dass du mehr nicht geben kannst...

Jetzt ist es Zeit zu sterben... Du suchst dir einen geschützten Platz unter der Uferböschung und legst dich auf den Boden... Du wirst ganz müde, deine Kiemen atmen schwer... Über dir siehst du die Sonne und die Umrisse von Zweigen großer Bäume... Langsam verblassen diese Bilder, und du spürst, dass es um dich immer dunkler wird... Jetzt bist du ganz ruhig... Du hast alles getan, was du tun solltest... Du bist erwachsen geworden, du hast zwei große Reisen unternommen, du hast dein Leben geschützt, und du hast das Leben weitergegeben in vielen winzigen Eiern, aus denen in den nächsten Tagen kleine Lachse schlüpfen werden... Jetzt kannst du beruhigt sterben...

Der
Albatros

Seit ungefähr fünf Jahren warst du nicht mehr auf jener kleinen Insel, wo du einmal aus dem Ei geschlüpft bist – auf den Falklandinseln, auf Tristan da Cunha, auf den Kerguelen, auf der Prince Edward Insel, auf Chatham, auf Campbell oder auf irgendeiner anderen der Inseln rund um die Antarktis. Mit einer Spannweite von gut drei Metern gehörst du zu den größten Vögeln überhaupt. Deine langen Flügel sind erstaunlich schmal, denn nur so kannst du dich in der Luft über den südlichen Meeren frei bewegen, wo Tag und Nacht von Westen her ein steifer bis stürmischer Wind weht. Hier kannst du nur vorankommen, wenn du eine hohe Fluggeschwindigkeit erreichst. Und so rast du mit bis zu hundert Stundenkilometern durch die eiskalten Winde. Du weißt, dass dein Tempo niemals unter sechzig Stundenkilometer fallen darf, denn sonst reißt der Luftstrom ab und du stürzt unweigerlich in die Tiefe. Aber deine kunstvoll geformten Flügel ermöglichen dir wahre Wunder: Fast ohne Flügelschlag kannst du hoch am Himmel weite Strecken zurücklegen, aber du kannst auch im Tiefflug, nur wenige Zentimeter über den rauhen Wellen des Pazifik, herumkurven. Du tauchst in Wellentäler und steigst mühelos über die Wellenkämme, um im nächsten Augenblick mit atemberaubender Geschwindigkeit wieder hoch in den Himmel hinaufzusteigen.

Du brauchst deine Flugkünste, um fern von den Küsten deine spärliche Nahrung zu finden. Allein, und manchmal auch gemeinsam mit anderen Albatrossen, hältst du Ausschau nach Tintenfischen, Makrelen und anderen Meerestieren, die du mit deinem langen, schön geschwungenen Schnabel greifst. Dazu landest du auf dem Wasser, und noch auf dem Wasser verzehrst du deine Beute.

Manchmal folgst du auch tagelang den Schiffen, die das unruhige Wasser durchpflügen, in der Hoffnung auf Küchenabfälle.

Du kannst monatelang herumschweifen, ohne jemals Land zu sehen. In jedem Jahr umrundest du ein paarmal die ganze südliche Hemisphäre. Die Menschen auf den Schiffen mögen dich. Manche

Seeleute glauben, dass in einem Albatros die Seele eines ertrunkenen Kameraden weiterlebt...

Bewundernswert ist dein Orientierungssinn. Du weißt immer, wo du bist, denn du hast in deinem Gedächtnis eine genaue Seekarte der südlichen Hemisphäre gespeichert. Und das stellst du in diesem Jahr ganz deutlich unter Beweis. Du hast plötzlich das deutliche Empfinden, dass deine Zeit als Jungvogel zu Ende geht. Plötzlich erwacht in dir die alte Sehnsucht nach jener kleinen Insel, wo du aus dem Ei geschlüpft bist. Du wirst dorthin zurückkehren, um dir eine Gefährtin zu suchen. Du beginnst deinen Rückflug. Auf den ersten paar tausend Kilometern fliegst du noch in deinem typischen Zickzackkurs, weil du dir Nahrung suchen musst. Aber die letzten 500 Kilometern legst du schnurgerade zurück. Was dich dazu befähigt, ist bis heute ein Geheimnis geblieben.

Da taucht jene kleine Insel vor dir auf, und mit weit ausgebreiteten Flügeln segelst du schnell auf den grasbewachsenen Uferstreifen zu. Und jetzt musst du deinen ganzen Mut zusammennehmen, denn du ahnst, dass diese erste Landung auf festem Grund und Boden sehr, sehr schwierig für dich sein wird. Deine Flügel sind viel zu schmal, als dass sie dir einen langsamen Landeanflug gestatten würden. Knapp über dem Boden senkst du deine Entenfüße wie ein Jet sein Fahrwerk, deine Schwanzfedern wie Bremsklappen weit nach oben gespreizt. Mit schnellen Schritten versuchst du dein Tempo abzubremsen, aber das gelingt dir nie. Deine Beine knicken nach hinten weg, dein großer Schnabel schlägt hart auf dem Boden auf, und du überschlägst dich mit einem halsbrecherischen Purzelbaum... Du bist froh, dass du dieses Landemanöver überlebt hast, und mit zerzaustem Gefieder hockst du schließlich mit klopfendem Herzen am Boden.

Du schaust dich um und bemerkst, dass auch andere Albatrosse hier versammelt sind. Du watschelst so gut es geht auf deine Artgenossen zu. In den langen, einsamen Jahren auf hoher See hast du deine Unabhängigkeit genossen. Es gab niemanden, auf den du Rücksicht nehmen musstest, mit dem du dich hättest streiten können, aber natürlich gab es auch niemanden, den du hättest lieben können.

Jetzt entdeckst du deine zärtliche Seite. Du gehst auf Partnersuche. Vielleicht ergreifst du die Initiative, vielleicht wirst du selbst ausgewählt, vielleicht ist deine Partnerwahl von einer magischen Übereinstimmung geprägt, so dass die Initiative von beiden Seiten gleichzeitig ausgeht. Auf jeden Fall beginnst du mit deinem Partner den Tanz der Albatrosse, der mit Pausen mehrere Tage lang dauert. Ihr beide reckt den Kopf mit gestrecktem Hals nach oben und umkreist einander. Aber das ist kein stummer Tanz. Nach dem langen Schweigen in deiner Jugendzeit hast du jetzt das Bedürfnis, dich nuancenreich auszudrücken und alle deine Empfindungen mitzuteilen. Du klapperst mit dem Schnabel, du stöhnst, du seufzt, du wimmerst und ab und zu wieherst du temperamentvoll. Es ist erstaunlich, dass zwei so stolze Vögel so intensiv und so lange kommunizieren können. Und schließlich krault ihr beiden euch ausgiebig gegenseitig mit den Schnäbeln die Halsfedern...

Dann, am Ende dieses Hochzeitsrituals, beginnt ihr, gemeinsam ein Nest zu bauen. Und das ist der Anfang einer lebenslangen Ehe. Das Resultat eurer Verbindung wird in diesem Jahr ein einziges Ei sein, das von beiden Eltern in perfekter Arbeitsteilung ausgebrütet werden wird. Nach der Brutsaison verlässt du die Insel wieder, um erneut allein deine Wanderschaft durch die Antarktis zu beginnen. Und genauso hält es deine Partnerin...

Aber zur nächsten Brutsaison trefft ihr euch wieder auf der Insel eurer Geburt und Hochzeit und besiegelt eure Beziehung von Neuem durch den tagelangen Tanz der Albatrosse.

Man könnte meinen, dass dieses Ritual nach der langen Trennung die Aufgabe hat, eure Beziehung zu festigen, aber vielleicht drückt sich in diesem leidenschaftlichen Tanz noch mehr aus – die Begeisterung darüber, ein Echo zu bekommen und das Glück, nach einem Jahr der Einsamkeit wieder mit dem Partner vereint zu sein.

Der Schmetterling

Stell dir vor, dass du auf einer purpurroten Couch liegst. Sie ist mit ganz weichem, angenehmem Stoff bezogen. Du spürst eine angenehme Wärme in deinem Rücken aufsteigen. Spüre, wie diese sich mit deinem Blut überall in deinem Körper verteilt. Bemerke diese Wärme, die dir Kraft gibt, unabhängig zu sein und Entscheidungen zu treffen, die du selbst für richtig hältst…

Während du in der roten Aura liegst, die dich jetzt umgibt, kannst du deiner Energie gestatten, sich frei zu entfalten. Spüre, wie diese Energie ganz unten an deiner Wirbelsäule entspringt und nach oben strömt – durch deinen ganzen Körper bis zu deinen Augen. Spüre, wie sich dein Körper mit einem orangeroten Licht und mit Wärme füllt…

Und immer wenn du einatmest, kannst du spüren, wie dein Atem deine schöpferischen Kräfte stärkt. Atme Zweifel und Unsicherheit aus… Gib dir ein wenig Zeit, die Dinge neu zu betrachten und Gedanken zu entwickeln, die vorher verborgen waren. Spüre, wie deine Kreativität gleichzeitig mit deinem Herzschlag pulsiert und lass sie dir frische Ideen bringen, vielleicht Lösungen für Probleme, vielleicht Antworten auf Fragen, vielleicht Anregungen für wichtige Projekte. Worum es dir auch immer geht – die Farbe Rot gibt dir Kraft und Energie für Veränderungen…

Während du in dieser roten Sphäre geborgen bist, richtest du deinen Blick nach vorn. Zunächst siehst du nur einen kleinen zylindrischen Umriss, aber bald kannst du eine dunkelrot gefärbte Puppe erkennen, in der ein Schmetterling auf seine Geburt wartet…

Jetzt kannst du kleine Bewegungen sehen. Bemerke die glänzende Hülle, die das Leben des Schmetterlings bisher beschützt hat. Und beim nächsten Einatmen kannst du dich an Zeiten in deinem Leben erinnern, wo du dich selbst klein gefühlt hast und nicht wusstest, wie du bevorstehende Veränderungen meistern könntest. In dieser sicheren Situation kannst du dich an deine Gefühle erinnern, während du das Wunder der Verwandlung vor dir beobachtest…

Vor deinen Augen siehst du, wie die Spitze des Kokons zerbricht... Zunächst ist es nur eine kleine Öffnung, aber sie wird größer und größer, bis schließlich der winzige Kopf eines Schmetterlings sich herausschiebt... Bemerke, wie sehr der Schmetterling sich anstrengen muss, um seinen Kokon zu verlassen... Sieh seinen Kampf, mit dem er sich von der schützenden Hülle befreit, die er jetzt nicht mehr braucht...

Eine Weile muss sich der Schmetterling ausruhen, bis die zarten Flügel sich mit Lebenskraft gefüllt haben für seinen ersten Flug. Betrachte die Schönheit seiner Flügel, ihre Form, ihre Farbe und ihr Muster... Und während du das leise Zittern der Flügel betrachtest, kannst du sehen, wie ein Strahl orangefarbenen Lichtes aus deiner roten Sphäre in Richtung des Schmetterlings strahlt. Dieser Lichtstrahl gibt dem Schmetterling Kraft, ehe er zum ersten Mal die Flügel ausbreitet...

Und nun scheint der Schmetterling ganz sicher zu sein – seine Flügel tragen ihn höher und höher in den blauen Himmel. Während du dieser Entwicklung zuschaust, füllt sich dein Herz mit Zuversicht. Auch du selbst fühlst dich stärker. Du spürst, dass dich die Kraft des Lebens umgibt wie der Kokon, der die Schmetterlingsraupe geschützt hat...

Allmählich bemerkst du, dass die rote Sphäre um dich herum sich auflöst und durch ein strahlend weißes Licht ersetzt wird. Spüre deinen Körper und spüre deinen Atem... Vielleicht erkennst du das eine oder andere, was du in deinem Leben verändern willst. Vielleicht wirst du in der nächsten Zeit Dinge in deinem Leben entdecken, die erneuert werden können. Vielleicht wird das anstrengend sein, aber die Anstrengung lohnt sich, wenn du die Freiheit findest, dich so zu entfalten wie der Schmetterling. Lass die Bilder der Verwandlung in dir ruhen, und wenn du bereit bist, recke und strecke dich, öffne die Augen... Sei wieder hier, erfrischt und wach...

Der Kojote

Setz dich bequem hin und schließ die Augen... Achte darauf, dass Arme und Beine nicht gekreuzt sind und mach deinen Rücken ganz gerade... Nun schenk dir drei tiefe Atemzüge und lass deinen Atem seinen natürlichen Rhythmus finden...

Dies ist eine besondere Phantasiereise. Sie wird dich in das Land des Kojoten führen. Der Kojote ist ein weiser Lehrer, der eine besondere Art hat, uns etwas beizubringen. Er zeigt uns unsere verborgenen Wünsche. Und weil wir unsere verborgenen Wünsche oft nicht sehen wollen, greift der Kojote zu überraschenden Mitteln: Er versteckt sich, er nimmt eine andere Gestalt an und manchmal macht er sich über uns lustig. Besonders gern zeigt er sich in der Abenddämmerung oder in der Nacht. Aber du wirst ihn nur finden, wenn du selbst auf die Suche gehst. Du musst dich anstrengen, wenn du ihm begegnen willst. Meistens findest du ihn nicht dort, wo du es erwarten würdest.

Mach dich nun auf die Suche. Vielleicht willst du den Kojoten im Wald suchen, in den Bergen oder am Rande der Wüste; vielleicht findest du ihn im Unterholz; vielleicht versteckt er sich im Sumpf oder in einer Felsspalte... Wenn du ihn entdeckt hast, musst du ihm direkt in die Augen schauen. Nur so kannst du ihn dazu bringen, dass er dich als Schüler akzeptiert. Mach dich auf die Suche und vergiss dabei deinen Stolz. Mach dir klar, dass du wenig von den Geheimnissen der Welt verstehst und dass du nicht einmal dich selbst kennst. Diese Art Demut schätzt der Kojote. So kann er dein Freund werden... (3 Minuten)

Und nun stehst du dem Kojoten gegenüber. Der Kojote schaut dich eindringlich an. Seine Ohren sind gespitzt... Er senkt seinen schweren Kopf, und das ist ein Zeichen, dass er dich akzeptiert... Du bemerkst den intensiven Geruch des Kojoten, er ist etwas bitter und erinnert an feuchtes Waldmoos. Wenn du diesen Geruch spüren kannst, hat deine Verwandlung in einen Kojoten begonnen. Du verwandelst dich nun in einen schlanken und zotteligen Kojoten... Spüre, wie deine Sinne jetzt geschärft sind, besonders Nase und Ohren...

Du musst dich beeilen, weil dein Kojote-Lehrer dir schon vorausläuft. Du weißt, dass du ihm überall hin folgen und das Tempo halten musst, das er vorgibt. Vielleicht läuft er unter dichtstehenden Bäumen hindurch; vielleicht über eine weite Sandfläche oder zwischen Felsen hindurch... Je länger du ihm folgst, desto bereitwilliger wirst du, dich seiner Führung anzuvertrauen. Wenn er stehen bleibt, bleibst du stehen, wenn er läuft, dann läufst du auch. Meist führt dich der Kojote an dunkle Stellen, weil er die Dunkelheit liebt, weil hier Überraschungen möglich sind. Lass zu, dass dich der Kojote an einen Platz führt, wo du etwas Besonderes lernen kannst, etwas, was mit deinen Wünschen zu tun hat, auch mit denjenigen, die du dir selbst nur ungern eingestehst...

Ich werde jetzt schweigen, weil nur dein Kojote-Freund weiß, wo du das findest, was du finden sollst... (3 Minuten)

Und wenn du bereit bist, dann kannst du diese erste Wanderung mit dem Kojoten beenden. Schau ihm wieder in seine funkelnden, gelben Augen und danke ihm für seine Führung. Gib ihm irgendein Geschenk, über das er sich freut. Wenn du willst, kannst du ihm auch eine deiner Illusionen zurücklassen, denn er hat ein kleines Museum, wo er solche Dinge aufbewahrt. Warte ab, ob der Kojote dir noch irgendetwas zu sagen hat... Und sieh zu, wie er nun in der Dunkelheit verschwindet...

Wenn dein Führer nicht mehr zu sehen ist, dann nimmst du ganz von selbst wieder deine menschliche Gestalt an. Komm hierher zurück und bring mit, was wertvoll für dich ist... Reck und streck dich, atme einmal tief aus und öffne die Augen... Sei wieder hier, erfrischt und wach...

Totem

Setz dich bequem hin und schließ die Augen. Mach deinen Rücken ganz gerade und atme einmal tief aus...

Stell dir vor, du bist in einem südlichen Land und gehst oben auf einem Gebirgsrücken einen bequemen Weg entlang, der eingesäumt ist von wilder Kamille und Salbei. Das kräftige Aroma der Kräuter steigt in der Wärme des Sommertages zu dir auf. Da erblickst du vor dir einen Hain, der in allen möglichen Grüntönen glänzt. Du siehst das silbrige Grün alter Olivenbäume, das Blaugrün von Zypressen und das gelb-grün von Zitronenbäumen. Hier und da glitzern noch einzelne Tropfen vom letzten Regen auf den Blättern der Bäume. Der Duft der Zitronen erfrischt dich, und das viele Grün wirkt beruhigend auf dich. Du setzt dich hin und genießt den weiten Blick, den du von hier aus hast. Was kannst du sonst noch sehen? Wenn du nervös bist, dann pflück dir ein paar Stängel von der Kamille. Sie kann dich beruhigen und deinen Kopf frei machen. Oder reibe deine Handgelenke mit Salbei ein. Das erdet dich und schenkt dir Optimismus...

Mit der Zeit bemerkst du, dass sich an diesem Platz deine Energie regeneriert. Mit der neuen Kraft spürst du Mut und Unternehmungslust. Und während du noch so dasitzt, siehst du ein Tier auf dich zukommen. Du bist dir sicher, dass dieses Tier keine Gefahr für dich bedeutet. Du ahnst, dass es dir Erkenntnisse schenken wird, die dein Leben vereinfachen können. Lass das Tier dichter an dich herankommen und mach dich bereit für die Botschaft, die es dir bringt...

Nun kannst du das Tier begrüßen. Wie dicht soll es an dich herankommen? Was ist es für ein Tier? Willst du es streicheln? Kannst du die Wärme empfinden, die das Tier mit sich bringt? Ist es so wie andere Tiere, die du kennst? Was symbolisiert dieses Tier für dich?...
Bleib einfach an deinem Platz und lass die Präsenz des Tieres auf dich wirken, das ganz in den Gesetzen der Natur lebt. Bemerke, wie du ruhig und gleichmäßig atmest, obgleich du neugierig bist, was dieses Tier für dich mitgebracht hat. Vielleicht bekommst du seine Botschaft, indem ihr einander in die Augen schaut... vielleicht spricht das

Tier mit dir... vielleicht hat es in seinem Maul etwas mitgebracht... oder vielleicht lenkt es deine Aufmerksamkeit auf etwas in deiner Umgebung. Überlass dem Tier die Initiative, aber nach einer Weile kannst du dich mit dem Tier unterhalten, wenn du das möchtest...

Was immer du von dem Tier bekommst, es hat Bedeutung für dein Leben und für deine persönliche Entwicklung. Nimm seine Botschaft an, prüfe sie genau und entscheide, ob du mehr drüber nachdenken willst. Schau noch einmal in die Augen des Tieres. Weißt du schon, was du von ihm lernen konntest? Wenn das so ist, wiederhole seine Botschaft und bewahre sie in deinem Herzen auf. Und nun bedanke dich bei dem Tier, das dir die Weisheit der Natur nähergebracht hat. Verabschiede dich und geh den Weg zurück, den du gekommen bist. Merke ihn dir, damit du diesen Platz immer wiederfinden kannst.

Nun komm mit deiner Aufmerksamkeit hierher zurück. Bring das Wissen mit, das du bekommen hast. Vielleicht brauchst du noch Zeit, um darüber nachzudenken...

Und nun reck und streck dich ein wenig, atme einmal tief aus und öffne die Augen. Sei wieder hier, erfrischt und wach.

Die ägyptische Katze

Setz dich bequem hin und schließ die Augen. Stell dir vor, dass vor dir die Statue einer sitzenden Katze steht. Es ist Bast, die ägyptische Göttin der Fruchtbarkeit, der Sexualität, der Mutterschaft und der Liebe. Mach die Katze so groß, wie du möchtest. Gib ihr einen schlanken Körper und vielleicht ein dunkelgraues Fell. Sieh, wie ihre Ohren kerzengerade aufgestellt sind. Kannst du dir vorstellen, wie es sich anhört, wenn diese heilige Katze anfängt zu schnurren? Diese Töne würden in dir eine deutlich spürbare Vibration auslösen, ein ungewohntes, intensives Gefühl...

Nimm dir Zeit, einen kurzen Augenblick über deine Beziehung zu Katzen nachzudenken. Gehörst du zu den Menschen, die Katzen lieben und von ihrem Charakter fasziniert sind? Kannst du die Art und Weise schätzen, wie Katzen sich bewegen? Wie sie hingebungsvoll ihre Kätzchen aufziehen?...

Aber vielleicht gehörst du auch zu den Menschen, die Katzen gegenüber gemischte Gefühle haben, weil sie ihnen fremd und unberechenbar erscheinen. Hast du irgendwann schlechte Erfahrungen mit Katzen gemacht?...

Und was immer deine persönliche Beziehung zu Katzen sein mag, hier in dieser Phantasiereise hast du es mit einer heiligen Katze zu tun, von der du etwas Wichtiges lernen kannst...

Lass nun die ägyptische Katze in deiner Phantasie lebendig werden. Lass sie zunächst einmal ausführlich gähnen. Sieh, wie sie sich von ihrem Platz erhebt, wie sie sich reckt und streckt, und dann folge ihr einfach... Sie führt dich zu einem Pfad, am Ufer eines schnell fließenden Baches. Ihr geht bachaufwärts, und du hast den Eindruck, dass die Katze diesen Weg gut kennt.

Nun kommt ihr zu einem Teich mit ruhigem, dunklem Wasser. Die Katze setzt sich an den Rand und betrachtet ihr Spiegelbild. Spielerisch berührt sie ihr Bild mit der einen Pfote. Du setzt dich ebenfalls ans Wasser, schaust hinein und erblickst dein Spiegelbild. Du siehst dich so, wie du dich gern sehen würdest. Aber das Bild zittert etwas und kommt nicht zur Ruhe. Langsam wird daraus dein Bild, das dich zeigt, wie du tatsächlich bist... Und während du weiter auf die Oberfläche schaust, beginnt das Wasser zu strudeln. Es zieht dein Bild nach unten, und es zieht auch deinen Blick hinab...

Mit einem großen Sprung stürzt sich die Katze in das Wasser, genau in die Mitte des Strudels. Du folgst ihr und bemerkst zu deiner Überraschung, dass kein Wasser mehr da ist. Das Wasser war nur eine Illusion, und du stehst mit einem Mal vor dem Eingang einer Höhle. Die Katze wartet am Eingang und bedeutet dir, dass du ihr in die Höhle folgen sollst. Zunächst wird es immer dunkler, und dann spürst du vor dir eine harte, glatte Fläche. In diesem Augenblick erkennst du, dass du in einer Halle stehst, in der verschiedene Spiegel hängen. Die Katze springt von Spiegel zu Spiegel, und dir wird klar, dass das keine gewöhnlichen Spiegel sind. Sie zeigen viel mehr als nur dein Äußeres...

Im Ganzen siehst du vier Spiegel. Jeder zeigt ein anderes Bild. Betrachte dich in aller Ruhe in diesen Spiegeln:

Der erste Spiegel zeigt, wie du von anderen gern gesehen werden möchtest. Stell dich vor diesen Spiegel und betrachte dich. Wie sollen die anderen dich sehen? Möchtest du jugendlich erscheinen? Selbstsicher? Kompetent? Verführerisch? Lass dir Zeit für deine Betrachtung... (1 Minute)

Nun geh weiter. Der zweite Spiegel zeigt, wie du dich selbst siehst, wenn du kritisch bist. Stell dich auch vor diesen Spiegel. Was kannst du hier sehen? Was kritisierst du an dir? Was fehlt dir? Was sollte anders sein? Wie wärest du gern? Lass dir genug Zeit, dieses Bild von dir zu betrachten... (1 Minute)

Geh weiter und stell dich vor den dritten Spiegel. Er zeigt dir den Gesundheitszustand deines ganzen Körpers. In welcher Verfassung ist dein Körper? Welche Körperteile brauchen Erholung oder Heilung? Setzt du dich selbst zu sehr unter Stress? Welche Körperteile brauchen mehr Beachtung von dir? Solltest du dich anders ernähren oder mehr Sport treiben? Betrachte deinen ganzen Körper, von Kopf bis Fuß. (1 Minute)

Nun geh zum vierten und letzten Spiegel. Dieser Spiegel zeigt dein wirkliches Selbst, dein Wesen, wenn du mit dir selbst im Einklang bist. Warte ab, was sich dir zeigt. (1 Minute)

Wende dich jetzt um und sieh, wie die Katze mit der Pfote einen großen Stein in der Wand berührt. Die Wand tut sich auf, und du folgst der Katze und kommst auf eine kleine Wiese, wo deine Freunde und Familienangehörigen warten. Geh zu jeder Person, die gekommen ist und begrüße sie. Bemerke, wie du von jedem gesehen wirst. Vielleicht stellst du fest, dass du nicht von allen so gesehen wirst, wie du es gern möchtest. Ist das schmerzlich für dich? Bist du davon enttäuscht? Bist du bereit, das zu akzeptieren? Gibt es trotzdem in ausreichendem Maße Anerkennung, Liebe und Zuneigung für dich?... (2 Minuten)

In diesem Augenblick kommt die Katze auf dich zu und reibt ihren Kopf an dir. Dabei beginnt sie zu schnurren, und du spürst, wie dein eigener Körper anfängt, im selben Takt zu vibrieren. In deinem Körper kribbelt es, und du fühlst dich so lebendig, dass du es im Augenblick gar nicht in Worte fassen kannst...

Wenn du willst, kannst du die Katze jetzt kurz streicheln. Vielleicht möchtest du ihr etwas sagen oder ihr ein kleines Geschenk geben...

Lass dich nun von der Katze wieder zurückführen... Sieh, wie sie sich in die ägyptische Statue zurückverwandelt, die du am Anfang gesehen hast. Lass das Bild der Statue verblassen und komm mit deiner Aufmerksamkeit hierher zurück...

Reck und streck dich, atme einmal tief aus und öffne die Augen. Sei wieder hier, erfrischt und wach...

Reisen über die Erde

Inselparadies

Stell dir eine ferne, tropische Insel vor – ohne Autos, ohne Uhren, ohne Fernsehen... Dafür gibt es dort reine Luft, üppige Vegetation und freundliche Tiere. All das darfst du bei dieser Phantasiereise genießen...

Du sitzt in einem kleinen Boot und fährst auf die Insel zu... Bemerke die Brandung am Strand und in der Ferne die Spitzen der Berge im Innern der Insel, die bis in die Wolken reichen... Spring ins flache Wasser und wate zum Ufer... Die Sonne ist hell und warm, und du spürst, dass du hier freier und ruhiger atmen kannst... Der Sand unter deinen bloßen Füßen ist warm, während du ein paar Schritte am Stand entlanggehst... Du siehst einige schöne Muscheln, Treibholz und große Krebse, die nach Nahrung suchen... Du bist neugierig, wie es im Innern der Insel aussieht. Du findest einen schmalen Pfad, der durch tropische Vegetation führt... Überall kannst du Früchte und Nüsse entdecken und die Blüten von Büschen, die du hier zum ersten Mal siehst... Du berührst die Blätter der Pflanzen und wunderst dich, wie glatt und fest sie sich anfühlen. Auf dem dunklen Grün glänzen kleine Tautröpfchen. Wenn du gegen ein Blatt stößt, rollen sie herab, und manche bleiben an den Blatträndern hängen... Von überallher tönt Vogelgezwitscher... Die Vögel zeigen keinerlei Angst vor dir, und bald kannst du grüne und gelbe Tukane sehen, blaue und rote Papageien und eine Unzahl von herumschwirrenden Kolibris. In der Ferne hörst du Wasser rauschen. Du kommst an einen kleinen Bach, der von Blumen in allen Farben umstanden ist... Du siehst helles Gelb, leuchtendes Orange, dunkles Rot, tiefes Blau und strahlendes Weiß... Einige Blüten fallen herab, während du vorbeigehst und ihre Staubgefäße malen geheimnisvolle Muster auf dein Gesicht und auf deine Arme und Hände... Der Duft dieser Blüten weckt alle deine Sinne... Du folgst dem Bach bis zu einem Wasserfall. Feiner, weißer Nebel füllt die Luft, und als du zum Himmel schaust, kannst du einen kleinen Regenbogen sehen... Unterhalb des Wasserfalls folgst du dem Bach weiter auf einem schmalen Pfad. Du bemerkst, dass viele leuchtende Blüten in den Bach gefallen sind, und du begleitest sie, bis du zu einem großen Teich kommst. Der Teich ist auf allen Seiten von dunkelgrünem Moos umgeben, das dich einlädt, dich dort niederzulassen... Du nimmst Platz und schaust auf das klare Wasser des Teiches und auf die Blüten, die langsam auf dem Wasser kreisen... Du fühlst dich rundum wohl und mehr und mehr entspannt... Du schaust auf den felsigen Grund des Teiches und siehst dicht unter der Oberfläche eine kreisrunde Öffnung, die zu irgendeiner Höhle führen muss. Du wirst neugierig und springst ins Wasser. Mühelos tauchst du bis zum Boden und schwimmst durch die Öffnung. Einen Augenblick ist es ganz dunkel, aber dann wird es heller, und du bemerkst, dass du dich in einer hell erleuchteten Grotte befindest. Du schwimmst bis an den Rand des Wassers und siehst, dass dort eine Steintreppe nach oben führt. Du kletterst aus dem Wasser und beginnst, die Steintreppe nach oben zu gehen. Am Ende der gewundenen Treppe entdeckst du, dass du in einem riesigen Felsendom angekommen bist. Aus unsichtbaren Öffnungen fällt helles Licht herein, und du entdeckst, dass du in einer bemerkenswerten Kunstausstellung bist: an den Wänden hängen Gemälde und Fotografien, und hie und da steht eine Statue. Andächtig wandelst du durch diese Kunstschätze. Vielleicht kennst du einige dieser wunderschönen Exponate, vielleicht ist all das neu für dich. Du kannst diese Kunstschätze ganz allein genießen, ohne dass du dir erklären kannst, wie das alles hierher gekommen ist. Es ist einfach da, nur um dich zu erfreuen...

Nachdem du lange durch dieses unterirdische Kunstmuseum gewandert bist, bemerkst du, dass du hungrig geworden bist. Dir fallen die vielen Früchte wieder ein, die du in der Nähe des Strandes gesehen hast. Darum entschließt du dich, zum Strand zurückzukehren, deinen Hunger zu stillen und ein Sonnenbad zu nehmen...

Du gehst die gewundene Treppe wieder nach unten und springst in das Wasser der Grotte. Mit ein paar kräftigen Stößen schwimmst du durch den kleinen Kanal, der die Grotte mit dem Teich verbindet, wieder nach draußen. Du erreichst das Ufer und folgst dem Bach wieder bis zum Wasserfall. Dann gehst du den schmalen Weg zurück, vorbei an den blühenden Büschen und all den Tieren, bis zum Strand...

Jetzt kannst du schon das Rauschen der Meereswellen hören, und bald siehst du Büsche und Bäume, die mit Früchten und Nüssen beladen sind. Du hast die freie Wahl zwischen Pfirsichen, Birnen, Aprikosen, Bananen, Äpfeln, Kirschen und Erdbeeren, zwischen Mangos, Papayas, Granatäpfeln, Orangen, Kiwis, Ananas und allen anderen wohlschmeckenden Früchten, die du dir nur vorstellen kannst. Du findest nicht nur Obst, sondern alle Arten von Nüssen: Walnüsse, Mandeln, Pistazien, Kokosnüsse, Makadamias, Pekannüsse, Haselnüsse und Erdnüsse. Du isst von allem, worauf du Appetit hast...

Nachdem du genug gegessen hast, gehst du an den Strand und legst dich in den warmen Sand. Du denkst darüber nach, wie ruhig und zufrieden du dich in dieser Umgebung fühlst. Wie oft hast du dich in den letzten Monaten so gut gefühlt?... Würden deine Freunde ein solches Erlebnis auch genießen?...

Die Einsamkeit hier tut dir gut. Aber jetzt denkst du an alles, was du hinter dir zurückgelassen hast – Familie, Freunde und Projekte. Du hast diesen Ausflug gut gebrauchen können und hast jetzt wieder Lust, zu Menschen und Aufgaben zurückzukehren. Du fühlst frische Energie und freust dich auf deine Heimkehr. Und nachdem du einmal hier gewesen bist, kannst du in Zukunft auch allein den Weg hierher finden. Du kannst entscheiden, welches Schiff du nehmen willst – am Nachmittag, am frühen Abend oder nach Sonnenuntergang... Wenn die Zeit des Abschieds kommt, stehst du an der Reling und schaust zurück auf die Insel... Du sagst ihr Adieu... Du weißt, dass du erfrischt und bereichert in dein Leben zurückkehren wirst.

Segeltour im Sommer

Lass dich zu einer sommerlichen Segeltour einladen. Du wirst dich dabei ganz sicher fühlen, und du wirst angeregt zurückkehren.

Schließ die Augen und hol dreimal tief Luft... Wenn du eingeatmet hast, mach eine kurze Pause, bevor du wieder ausatmest: Einatmen, Pause, ausatmen... einatmen, Pause, ausatmen... einatmen, Pause, ausatmen...

Stell dir vor, dass du irgendwo in einem kleinen Hafen auf einem Bootssteg stehst. Die Sonne scheint, und es weht ein leichter Wind. Neben dir liegt eine schöne Segelyacht. Das Deck ist aus rotem Mahagoniholz. Die Beschläge blitzen in der Sonne. Segel und Takelage sind ganz neu und stabil. Im Heck siehst du die Speichen eines großen Steuerrads...

Du weißt, dass du dieses Boot für eine Segeltour benutzen darfst. Vielleicht freust du dich darauf, vielleicht hast du zunächst auch gemischte Gefühle. Noch stehst du auf dem Bootssteg und hast plötzlich den Wunsch, dein Leben auf dieser Segeltour möglichst einfach zu gestalten. Du entscheidest dich, nur das Notwendigste mitzunehmen und dein übriges Gepäck an Land zu lassen. Was lässt du zurück? Was möchtest du auf jeden Fall mitnehmen? Übergib das überflüssige Gepäck einem Wächter, der sich darum kümmern wird. Und du kannst, ehe du an Bord gehst, auch an dein emotionales Gepäck denken, an die Dinge, die du hier zurücklassen möchtest... Gibt es irgendwelche Gefühle und Verpflichtungen, Gedanken oder Sorgen, die du nicht auf diesen Ausflug mitnehmen möchtest? Finde auf dem Bootssteg irgendeinen Behälter, wo du diese Dinge sicher deponieren kannst, so dass du dich später neu darum kümmern kannst...

Nun hol einmal tief Luft und bemerke, dass du dich leichter fühlst. Du hast Ballast abgeworfen und kannst erleichtert an Bord gehen. Später, wenn du zurückkehrst, wird das alles noch da sein, und du kannst es neu sortieren.

Steh jetzt auf den Planken des Schiffes. Bemerke ein Gefühl der Freiheit und der Neugier, und spüre eine Bereitschaft, dich selbst ganz neu zu erleben. Atme die frische Seeluft tief ein und finde eine neue Balance, indem du dein inneres Erleben auf den Rhythmus des Meeres und die Bewegungen des Bootes einstellst...

Nun bist du bereit loszusegeln und alles, was dir begegnen wird, ganz frisch und mit wachen Sinnen zu erleben. Bemerke, wie du vom Steg ablegst und deine Fahrt beginnst, ganz langsam und sanft... Der Wind füllt die Segel und treibt das Boot aufs Meer hinaus...

Nach einer Weile siehst du kein Land mehr. Die See ist ruhig, aber der Wind weht stetig und stark genug, dass das Schiff vorankommt. Vielleicht möchtest du am Steuer stehen, vielleicht möchtest du den Autopiloten einschalten und es dir an Deck bequem machen. Je weiter du dich vom Land entfernst, desto leichter und freier fühlst du dich. Du hast sehr wenig Gepäck mitgenommen; das gibt dir ein gutes Gefühl. Du genießt den frischen Wind, die Sonne und die gleichmäßigen Bewegungen des Schiffes. Vielleicht hast du Lust, das Schiff genauer zu betrachten oder den Horizont zu beobachten. Was kannst du sehen? Welche Geräusche hörst du? Gibt es irgendwelche Seevögel, die dich begleiten? Kannst du fliegende Fische oder Delphine entdecken, die dir Gesellschaft leisten?...

Je weiter du segelst, desto sicherer fühlst du dich. Bemerke, wie du deine Einsamkeit genießen kannst. Du musst dich auf niemanden einstellen, nur auf das Meer und das Wetter und auf dein Schiff...

Achte zwischendurch immer wieder auf deinen Atem. Genieße die frische, salzige Seeluft und stell dir vor, wie sie deine Kräfte erneuert...

Wie steht es überhaupt mit deiner Energie? Hast du diese Reise sehr erschöpft angetreten? Kannst du bemerken, dass du dich auf dem Meer regenerierst? Gestatte dir, die Reise zu genießen...

Einige Zeit ist vergangen, und an einer kleinen, einsamen Insel wirfst du den Anker aus. Du hast dich entschlossen, auf diese Insel zu gehen. Vielleicht willst du an Land schwimmen, oder du entscheidest dich, das kleine Beiboot zu benutzen. Es ist ein heißer Tag, aber auf der Insel siehst du viele Bäume, die dir Schatten geben können. Du wanderst ein wenig herum und entdeckst dann eine geräumige Hängematte. Du legst dich hinein und lässt dich von dem leichten Wind sanft hin und her schaukeln. Wie fühlt es sich für dich an, so allein zu sein? Kannst du dieses Alleinsein genießen? Fühlst du dich einsam? Empfindest du Sehnsucht?

Kehre immer wieder zurück zum Bewusstsein des Augenblicks – zu deinem Atem, zu den gleichmäßigen Bewegungen der Hängematte...

Wenn du willst, kannst du erforschen, was in dir vorgeht, wenn du diese Stille erlebst. Aber du kannst auch bemerken, was um dich herum vorgeht, während du so allein in deiner Hängematte liegst. Du kannst deine Aufmerksamkeit zu Tieren, Pflanzen und Vögeln wandern lassen, die auf dieser Insel ihr Zuhause haben... (1 Minute)

Und wenn du dazu bereit bist, dann kannst du jetzt einen Strandspaziergang machen. Auf dem Sand kannst du Muscheln sehen, kleine Krebse, Seesterne und das eine oder andere, was das Meer angespült hat – Treibholz, Reste von Netzen und in der Sonne blinkende Glaskugeln, mit denen die Fischer ihre Netze an der Wasseroberfläche halten...

Während du weiterwanderst, siehst du weit vor dir ein größeres Objekt, das an den Strand gespült wurde. Neugierig gehst du darauf zu und entdeckst eine Holzkiste. Sie ist halb von Seetang zugedeckt. Du bist neugierig, ob du irgendetwas in dieser Kiste finden wirst, etwas, was vielleicht ein unerwartetes Geschenk des Meeres für dich ist. Zieh die Kiste aus dem Sand und versuche, sie zu öffnen. Kannst du etwas darin finden? Wenn du etwas darin entdeckst, was ist das für ein Fund? Auf welche Weise passt dieses Geschenk des Meeres zu dir? Birgt es irgendeinen Hinweis oder eine Botschaft für dich?...

Aber es kann auch sein, dass die Kiste leer ist. Wie interpretierst du diesen Umstand? Hast du das Gefühl, dass du häufig leer ausgehst und bist deshalb enttäuscht? Oder möchtest du die leere Kiste anders deuten? Als Beleg dafür, dass du auf der Suche bist und bereit, dich überraschen zu lassen?...

Nimm alles mit, was dir brauchbar erscheint, und mach dich auf den Rückweg zu deinem Boot, das zuverlässig auf dich gewartet hat. Kehre zurück an Bord und setze deine Fahrt fort...

Jetzt kannst du bemerken, dass sich das Wetter ändert. Am Horizont hinter dir ziehen dunkle Wolken auf, und der Wind wird stärker. Du spürst die Brise in deinem Gesicht, und das Boot wird schneller. Mit beiden Händen packst du das Steuerrad und hältst das Schiff auf Kurs. Vielleicht entschließt du dich, dein Segel etwas zu reffen. Manchmal taucht der Bug des Schiffes tief in die Wellen, und das Salzwasser spritzt über Deck. Über den Himmel zucken Blitze, und das Grollen des Donners mischt sich mit dem Brausen des Windes und dem klatschenden Regen. Du bist froh, dass dein Schiff so solide ist und so gut zu lenken. Du bist aufgeregt, aber zuversichtlich, dass du diese Herausforderung meistern wirst. Vielleicht bist du sogar zufrieden, dass du hier Gelegenheit hast, Mut und Besonnenheit zu praktizieren. Und überrascht stellst du fest, dass du nicht das Bedürfnis hast, mit Wind und Wellen zu kämpfen. Du stellst dich auf ihre überlegene Kraft ein und leistest keinen Widerstand... Und so schnell der Sturm aufgekommen ist, so schnell flaut er auch wieder ab... Die Sonne kommt durch die Wolken, und die Wellen werden niedriger...

Du hast überlebt und diese gefährliche Situation gemeistert. Wie fühlst du dich jetzt? Erschöpft? Stolz? Bemerkst du erst jetzt so etwas wie Angst? Lass dir etwas Zeit zum Nachdenken. Welche Stürme hast du in deinem Leben schon bestanden? Was hat dir geholfen, mit den Unwettern des Lebens fertigzuwerden? Welche Menschen oder welche persönlichen Stärken haben dir dabei geholfen? Vielleicht wartet am Horizont deines Lebens ebenfalls ein Unwetter. Glaubst du, dass du dann auch Gebrauch machen kannst von Tatkraft und Umsicht? Lass dir etwas Zeit, darüber nachzudenken... (1 Minute)

Und während du diese Gedanken beiseite legst, kannst du feststellen, dass das Wetter sich vollkommen beruhigt hat und dass der Himmel wieder ganz klar ist. Der Wind treibt dich stetig voran. Am Horizont siehst du den kleinen Hafen, von dem du aufgebrochen bist. Wie fühlst du dich am Ende deiner Reise? Was erwartet dich, wenn du zurückkommst? Hast du den Wunsch, dass dich jemand dort begrüßt? Was bringst du mit zurück?...

Denk auch an all die Dinge, die du im Hafen zurückgelassen hast. Was möchtest du davon wieder mit dir nehmen? Wovon möchtest du dich trennen? Während du die letzte Strecke bis zum Hafen zurücklegst, kannst du deine Fahrt verlangsamen. Was ist jetzt noch nötig, um deiner Reise einen guten Abschluss zu geben?

Verabschiede dich von dem Boot, von Meer und Wind. Lass dein Boot langsam am Steg anlegen und mach es gut fest. Spring an Land und bring alles mit, was du auf deiner Fahrt für dich gewonnen hast...

Atme einmal tief aus, reck und streck dich, öffne die Augen und sei mit deiner Aufmerksamkeit wieder hier, erfrischt und wach.

Das Glück
der Aeronauten

Setz dich bequem hin und schließ die Augen... Stell dir vor, du hast bei einer Tombola einen besonderen Gewinn gemacht. Zunächst hattest du vielleicht gemischte Gefühle, aber dann hast du dich entschlossen, deinen Gewinn anzunehmen – zehn Tage Winterurlaub in einem abgelegenen Berghotel in den Alpen und bei gutem Wetter eine Ballonfahrt über die verschneiten Berge. Vielleicht gehören Winterurlaub und Ballonfahrten nicht zu deinen ganz großen Sehnsüchten, aber eine innere Stimme hat dir gesagt, dass es dir gut bekommen könnte, endlich wieder einmal etwas zu tun, was deine Gewohnheiten durchbricht. Aber vielleicht haben die Berge dich als Landschaft auch schon immer fasziniert. Vielleicht hast du früher schon auf Gipfeln gestanden und erlebt, dass die Berge dich verzaubern. An der Grenze zwischen Himmel und Erde hattest du vielleicht die Empfindung, dass du hier eine Ahnung haben kannst von deinen eigenen inneren Tiefen und Höhen.

Die ersten Tage an deinem Ferienort verbringst du so, dass du dich körperlich und geistig regenerieren kannst. Du erholst dich überraschend schnell und fängst an, das Wetter zu beobachten, denn für die Ballonfahrt müssen die Winde blasen, aber sie dürfen nicht zu heftig sein, und auch Regen, Nebel oder Schneefall machen einen Start unmöglich...

Du hast gehört, dass du dich bereithalten musst und wartest auf den Anruf, auf die Ankündigung des Starts. Einmal ist der Termin in letzter Minute verschoben worden, und da hast du dich getröstet, dass du die Berge ebensogut aus dem Tal anschauen kannst, aus der Gondel der Seilbahn oder von der Skipiste aus...

Welche Erfahrungen hast du in deinem Leben mit dem Warten gemacht? Wirst du leicht ungeduldig? Macht es dich unsicher, wenn du warten musst? Möchtest du das Risiko vergeblichen Wartens ausschalten? Hast du die Erfahrung gemacht, dass sich Warten – manchmal sogar langes Warten – lohnen kann?...

Endlich bekommst du den zweiten Anruf. Am nächsten Morgen soll dich ein Wagen zum Startplatz bringen. Du erfährst, dass du dort mit den anderen Reisenden unter Anleitung des Piloten den Ballon startbereit machen musst. Am Abend vorher sitzt du in der Bibliothek des Hotels und findest das Buch eines begeisterten Ballonpioniers aus der Mitte des 19. Jahrhunderts. Lange denkst du über einen Satz nach, den du dort liest: „Eine Reise in den Lüften verleiht dem Geist Schwingen und öffnet der Phantasie, nicht weniger als dem forschenden Verstand, unbegrenzte Möglichkeiten." Vielleicht begrüßt du diese Gelegenheit, dass sich deine Phantasie neu beleben kann. Welche Rolle spielt sie in der Lebensphase, in der du bist? Warst du das, was man ein phantasievolles Kind nennt? Welche Rolle spielt die Phantasie in deinem Berufsleben und in deinem Liebesleben? Du denkst eine Weile über solche Fragen nach, und dann entschließt du dich, zeitig ins Bett zu gehen, um fit zu sein für das Abenteuer des kommenden Tages.

Am Morgen schaust du aus dem Fenster und siehst einen leuchtend blauen Himmel ohne jede Wolke. Du ziehst dich warm an, und dann wirst du auch schon abgeholt und zum Startplatz gebracht. Du bist neugierig auf den Piloten und auf deine Mitreisenden. Von dem Piloten hast du gehört, dass er früher in ganz anderen Berufen gearbeitet hat, ehe er seine Leidenschaft für das Ballonfahren entdeckte. Du hast davon gehört, dass Ballonfahren für ihn nicht nur ein Geschäft ist oder ein besonders exklusiver Sport, lieber spricht er von einer Lebenshaltung und von einer Passion. Kannst du das verstehen? Verbindet dich mit deinem Beruf ebenfalls eine Leidenschaft oder überwiegt das Geschäftliche oder irgendetwas anderes?...

Nun siehst du die kleine Gruppe. Du erkennst den Piloten nicht an seinem Äußeren, sondern an der Art wie er sich bewegt und den Mitreisenden hilft, den Ballon auseinanderzufalten und den altmodischen Weidenkorb an den starken Seilen zu befestigen. Er strahlt eine besondere Mischung von Selbstsicherheit, Autorität und Aufmerksamkeit aus. Du gehst auf den Piloten zu und begrüßt ihn. Bis jetzt warst du nicht sicher, ob du es mit einem Mann oder mit einer Frau zu tun hattest. Was entdeckst du, als du dem Piloten gegenüberstehst und ihr euch die Hände gebt?... Dann machst du dich mit deinen drei Mitreisenden bekannt. Sind sie in diesem Augenblick für dich wichtig? Bist du neugierig auf sie? Welchen Eindruck gewinnst du von ihnen?...

Außerdem sind noch zwei Helfer da, mit denen ihr euch später bei der Landung wiedertreffen werdet – wenn alles klappt...

Ein mächtiges Gebläse richtet die große Hülle auf. Jetzt kannst du die Farben und das Muster erkennen, die den Ballon unverwechselbar machen. Du siehst überraschend viele Gasflaschen und dass der Brenner bereits in dem Weidenkorb installiert ist. Der Pilot besteigt den Korb als Erster, dann steigen die Mitreisenden ein und du selbst zuletzt. Ganz bewusst möchtest du den Kontrast erleben, wie du deinen Körper am Boden spürst und wie du ihn gleich in der Luft spüren wirst. Dann hörst du zum ersten Mal das Getöse, wenn die Düsen des Brenners für ein paar Momente geöffnet werden. Sie fauchen wie ein urweltlicher Drache, und unten im Korb spürst du die entfesselte Energie, die abstrahlende Hitze der meterhohen Flammen, aber dann wirst du von einem besonderen Gefühl erfasst. Du schwebst schneller nach oben als du das erwartet hast. Der Weidenkorb knackt und knistert plötzlich nicht mehr, und ihr steigt schnell über dem Landeplatz auf. Stolz winkt ihr den Zurückgebliebenen zu. Alle Gespräche verstummen. Ein Empfinden von Weite erfüllt dich. Unter dir siehst du den Wald, kleinere Gipfel und Schluchten. Du siehst die Pisten der Skifahrer, die Häuser eines Dorfes und vereinzelte Almhütten. Ungeduld und Unsicherheit des Aufbruchs sind verflogen. Hier oben herrscht eine zunehmende Stille, die nur unterbrochen wird, wenn der Pilot den Brenner einschaltet. Der Ballon steigt und steigt, und du bemerkst eine absolute Windstille, die dich zunächst überrascht, aber dann verstehst du: Der Ballon fährt mit dem Wind, genau im Tempo der Luftmassen. Du könntest hier oben eine Kerze anzünden, kein Luftzug würde sie zum Verlöschen bringen...

Auch die Luft fühlt sich hier anders an. Die Kälte hat ihre beißende Schärfe verloren. Du spürst die Sonnenstrahlen auf deinem Gesicht. Du staunst darüber, dass sich auch deine Angst verflüchtigt hat. Vielleicht hast du vorher über die Gefahren einer solchen Reise nachgedacht; vielleicht hast du Situationen erlebt, wo du dir nicht sicher warst, ob du an Höhenangst leidest, aber diese Ängste sind wie weggeblasen. Du fühlst dich sicher in diesem Luftschiff, viel sicherer als in einem Helikopter oder in einem Flugzeug, denn der Ballon kämpft nicht mit der Natur, und er benutzt keine komplizierte Technik. Sechstausend Kubikmeter heiße Luft geben ihm Auftrieb, seine Bewegung wird allein von den Winden bestimmt. Zunehmend interessierst du dich für die Person des Piloten. Was mag das für ein Mensch sein, der den Ballon steuert? Eigentlich kann er nur die Höhe des Ballons beeinflussen. Von seiner Beobachtung der Natur hängt die Sicherheit des Luftschiffes ab. Es gibt keinen Fluglotsen, der ihm helfen kann. Er ist völlig auf sich selbst gestellt. Allmählich findest du heraus, wie sich der Pilot orientiert. Beständig fühlt er die Richtung des Windes, und er beobachtet sie auch an den Bewegungen der Bäume, an den Rauchsäulen der Häuser, an der Struktur der Schneewehen. Indem er in unterschiedliche Luftschichten auf- und absteigt, kann er versuchen, einen bestimmten Kurs zu steuern. Das, was du hier erlebst, könntest du auch als eine sanfte Führung bezeichnen. Du bist beeindruckt, wie der Pilot sich auf die Winde und die jeweilige Situation einstellt und wie er die Harmonie mit der Natur sucht, ohne das Ziel aufzugeben...

Und ganz automatisch fängst du an, Vergleiche zu ziehen. Wieweit gelingt es dir selbst, so aufmerksam und sensitiv deine Umgebung – Menschen und Vorgänge – zu beobachten? Wieweit gelingt es dir im Alltag, präsent zu sein und einfühlsam? Kannst du dich auf die Natur einstellen? Auf die Natur von Menschen, die Natur von Entwicklungen und die Gesetze des Lebens? Auf die Bedürfnisse deiner Umwelt?...

Vielleicht hast du den Wunsch, von deinem Piloten zu lernen und von seiner Art, eure kleine Reisegruppe über die Alpen zu steuern. Vielleicht hast du den Wunsch, dein eigenes Leben einfacher und klarer zu gestalten. Vielleicht möchtest du auch aus dem Auf und Ab des Ballons lernen, deine eigenen Tiefen deutlicher zu spüren, und deine eigenen Höhen mutiger zu entdecken...

Du weißt, dass du hier keine einfachen Antworten auf solche Fragen erhalten wirst, aber du bekommst die Sicherheit, dass solche Antworten möglich sind.

Jetzt wendest du dich wieder der Bergwelt zu. Der Ballon steigt wieder und treibt auf ein großes Massiv zu, das überquert werden soll. Der Wind ist günstig. Die Überquerung des Gebirges wird etwa zwei Stunden dauern, und ihr verfügt über einen ausreichenden Vorrat an Gas. Der Pilot benutzt jetzt sein Funkgerät, um sich mit seinen Helfern zu verabreden, denn ohne Helfer wäre eine Landung gefährlich. Und schließlich sollen die Helfer euch auch wieder zu eurem Ausgangspunkt zurückfahren. Bei der Landung wird sich noch einmal das Geschick des Piloten erweisen. Er muss genau dort niedergehen, wo sich Reisende und Helfer treffen können.

Wie möchtest du die restliche Flugzeit verbringen? Möchtest du dich mit dem Piloten unterhalten? Möchtest du dich mit deinen Mitreisenden austauschen? Möchtest du das Panorama genießen und die Stille? Den schweigenden Winter erleben? Lass dir etwas Zeit, um diese besondere Situation auszukosten... (2 Minuten)

Eure Reise geht nun zu Ende. Der Pilot leitet einen langsamen Sinkflug ein. Er überprüft die Größe des Landeplatzes. Und als der Ballon sich der Erde nähert, achtet er darauf, keine Baumkronen zu streifen. Er gibt euch Anweisung, euch mit dem Rücken zur Fahrtrichtung zu stellen und mit den Händen die Halteschlaufen am Korb zu ergreifen...

Jetzt wird es noch einmal aufregend. Wie wird der Korb den Boden berühren? Wird er am Boden bleiben oder wie ein Tennisball hochhüpfen und über den Landeplatz geschleift werden? Unten ist es windstill, und die Helfer stehen bereit und halten den Korb fest. Der Pilot zieht die Topleine, so dass die warme Luft entweichen kann und der Ballon in sich zusammenfällt. Dann dürft ihr aus dem Korb klettern. Jetzt kündigt sich ein Wetterumschwung an. Nebel kommt auf, und es beginnt zu schneien. Gemeinsam fangt ihr an, die Hülle des Ballons einzurollen, und ihr hievt den großen Korb auf den Anhänger des Geländewagens. Hier unten spürt ihr die Kälte wieder stärker, und so ist es gut, dass euch durch die Arbeit warm wird.

Dann ist es geschafft, und du sitzt in dem warmen Auto, das dich in dein Hotel zurückbringen wird. Du hast das Gefühl, dass sich der Ausflug wirklich gelohnt hat. Nie zuvor hast du so „über den Dingen gestanden", so wach, so aufmerksam und der Natur so nahe. Du bringst viele Anregungen mit zurück und wirst diesen Flug lange Zeit im Gedächtnis behalten.

Der Wagen hält vor deinem Hotel. Du verabschiedest dich von dem Piloten und deinen Mitreisenden. Gibt es irgendetwas, was du noch zum Ausdruck bringen möchtest?... Etwas, wofür du dich bedanken willst?...

Und dann siehst du, wie der Wagen in der Abenddämmerung verschwindet. Du wendest dich um und gehst zurück in die helle Wärme deiner Herberge...

Und nun reck und streck dich ein wenig, spüre deinen Körper... Atme einmal tief aus und öffne die Augen... Sei wieder hier, erfrischt und wach...

Tempel
der Schönheit

Stell dir vor, du durchquerst ein kleines Tal, das rechts und links von niedrigen Bergen eingefasst wird. Es ist ein schöner Frühlingsmorgen. Vor dir liegt ein größerer Berg, dessen Gipfel von Wolken verhüllt ist. Lass dir etwas Zeit, deine Umgebung wahrzunehmen – die Vegetation, die frische Luft, die Klänge und Düfte, den Boden unter deinen Füßen...

Nun fang an, den Berg hinaufzusteigen. Du weißt, dass du ganz oben auf dem Berg den Tempel der Schönheit finden wirst. Das ist ein ungewöhnliches Bauwerk, in dem es dir möglich sein wird, mit vollständiger Klarheit die verborgene Schönheit der Welt zu sehen...

Während du höher und höher steigst, gehst du über Blumenwiesen, und du kommst an klaren Bergseen vorbei. An irgendeiner Stelle deines Weges umgibt dich eine Wolke. Du gehst weiter, aber jetzt langsamer. Die Bäume und Felsen, ja die ganze Umgebung hat jetzt verschwommene Konturen. Alles wirkt hier irgendwie geheimnisvoll und verschleiert. Du spürst eine Atmosphäre der Unsicherheit, der Verwirrung, der Spannung. Trotzdem gehst du weiter...

Nun löst sich der Nebel auf, und du erreichst ein Plateau oben auf dem Gipfel. Vor dir kannst du hell und leuchtend den Tempel der Schönheit sehen. Der Tempel beeindruckt dich durch seine ausgewogene und zugleich fremdartige Architektur. Vielleicht erinnert dich das Bauwerk an einen griechischen Tempel, vielleicht an eine Pagode, vielleicht an einen japanischen Shinto-Tempel...

Nachdem du das Bauwerk eine Weile angeschaut hast, gehst du hinein und betrachtest das Innere. Am meisten beeindruckt dich die Atmosphäre, die dir ein tiefes Empfinden von Stille und innerer Klarheit schenkt. Wie durch Zauberei hast du das Gefühl, dass du hier hinter alle Schleier sehen kannst, die dich davon abhalten, deine eigene innere Schönheit zu sehen. Du spürst, wie sich der Schleier der Skepsis auflöst, wie der Schleier der Müdigkeit zerreißt, wie der Schleier der Furcht verschwindet, wie der Schleier der Erwartung zur Seite gezogen wird, wie der Schleier der inneren Anstrengung verschwindet. Alle diese Schleier lösen sich wie von selbst auf, und du kannst in diesem Augenblick in einem großen Spiegel an der Wand des Tempels ein Bild deiner eigenen inneren Schönheit betrachten. Du siehst, was dich wertvoll, anziehend und liebenswert macht... (1 Minute)

Und während du im Innern des Tempels herumwanderst, fallen dir Menschen ein, die dir nahe stehen, und solche, mit denen du Schwierigkeiten hast. Du bemerkst, dass du hier in der Lage bist, auch die innere Schönheit dieser Menschen zu sehen...

Lass sie vor deinem geistigen Auge erscheinen und stell dir vor, dass du in der Lage bist, einen kleinen Augenblick ihre innere Schönheit, ihre Würde und ihren Wert zu sehen oder zu ahnen. Natürlich hat jeder von ihnen seine eigenen Schleier oder Masken, aber hier ist es dir möglich, hinter diese zu blicken, um das zu sehen, was im Alltag verborgen bleibt... (2 Minuten)

Und wenn du bereit bist, dann kannst du dich von dem Tempel der Schönheit verabschieden. Nimm die Erinnerung an diesen Ort und an diese Atmosphäre mit, wenn du mit Leichtigkeit den Berg wieder hinuntergehst. Rechne damit, dass innere Schönheit im Flachland des Lebens meist hinter Schleiern verborgen ist, aber du kannst zu dem Berg und dem Tempel zu jeder Zeit wieder zurückkehren, wenn du hinter die Schleier sehen möchtest, um den ganzen Menschen zu erkennen.

Und nun reck und streck dich ein wenig... Atme einmal tief aus und öffne die Augen... Komm hierher zurück, erfrischt und wach...

Die Grotte

An einem schönen Frühlingstag gehst du durch das frische Grün von Feldern und Wiesen. Hinter einer kleinen Baumgruppe siehst du, dass sich dort ein Hügel erhebt. Du gehst darauf zu, und während du den Hügel hinaufwanderst, bemerkst du, dass die ganze Landschaft hier sanft gewellt ist. Über dir hörst du die Vögel, und du fühlst dich beschwingt, während du den Hügel immer weiter hinaufsteigst. Hinter einer Feldscheune siehst du einen kleinen Trampelpfad von dem Weg abzweigen. Er ist nicht von Gras bewachsen, weil er offenbar immer wieder auch von Wanderern benutzt wird. Aber im Augenblick kannst du niemanden sehen. Der Pfad führt in ein kleines Tal, und während du langsam den Hügel hinabgehst, denkst du über dich nach: über die Wünsche, die du an das Leben hast, über die Dinge, die du gern verstehen möchtest, und über die Fragen, die dich bewegen. Der Frieden und die Ruhe der Natur bieten dir Gelegenheit, etwas tiefer zu schürfen. Die Frühlingsatmosphäre regt dich an, über Veränderungen und Entwicklungen in deinem Leben nachzudenken. Dir fällt der Satz ein, dass in jedem Ende ein Anfang liegt.

Und im Weitergehen siehst du links neben dir eine Quelle. Aus der Erde zwischen Gras und Blumen sickert Wasser und strömt in eine kleine Vertiefung, auf deren Grund bunte Kiesel liegen. Du hältst an und schöpfst etwas von dem kristallklaren Wasser, um davon zu trinken. Das Wasser erfrischt dich, nachdem du an diesem Morgen schon so weit gegangen bist. Dir fallen Märchen ein, in denen Quellen vorkommen, die jedem, der davon trinkt, ein ungewöhnliches Geschenk machen.

Nachdem du von dem Wasser getrunken hast, bemerkst du unterhalb des Pfades eine kleine Grotte, die du vorher nicht gesehen hattest. Du gehst einfach hinein und schaust dich um. Vor dir müssen andere hier gewesen sein, denn du siehst viele Dinge, die zurückgelassen wurden – frische Blumen, einige brennende Kerzen, eine kleine Buddhafigur, eine Zeichnung von einer Lotosblume, einen schmalen silbernen Ring und zusammengefaltete Zettel, deren Inschriften du aber nicht liest.

Du weißt plötzlich, dass dies ein Platz ist, der aufgesucht wird, um Gelöbnisse abzulegen, und um die Erfüllung wichtiger Wünsche zu erbitten. Nicht jeder kennt diesen Platz, aber du hast ihn gefunden. Jetzt hast du Gelegenheit, deine eigene Bitte zu formulieren, wenn du das möchtest. An diesem Frühlingstag kannst du zum Beispiel darum bitten, dass du deinem Leben eine neue Richtung geben, dass du neue Hoffnung schöpfen, dass du neu anfangen kannst. Du kannst um alles bitten, was dir wichtig ist. Du kannst selbst entscheiden, an wen du deine Bitte richten möchtest – wer die höhere Macht ist, die du um Unterstützung bittest... Lass dir Zeit, um deine Wünsche zu spüren und eine innere Verbindung zu den Mächten aufzunehmen, die dich halten... (2 Minuten)

Überlege dir dann, was du selbst geben willst... Gib von Herzen und vertraue darauf, dass auch du das erhalten wirst, was für dich jetzt heilsam ist... Und lass dir auch etwas Zeit, die besondere Atmosphäre dieser Grotte auf dich wirken zu lassen... Spüre die Hoffnungen, die von vielen anderen hierher getragen wurden.... Spüre das Bedürfnis auch all der anderen Besucher, eine Bitte auszusprechen, und empfinde die hier ausgedrückten Selbstverpflichtungen, einen Beitrag zu leisten für das Wohl anderer, für das Wohl der ganzen Erde... (1 Minute)

Und wenn du bereit bist, dann kehre zurück. Nimm den kleinen Trampelpfad und dann den Wanderweg...

Kehre zurück hierher in diesen Raum... Reck und streck dich ein wenig und empfinde, dass du dich an diesem Frühlingstag tief erfrischt hast... Öffne deine Augen, und sei wieder hier, erfrischt und wach...

Tempeltraum

Entscheide, ob du bei dieser Phantasiereise sitzen oder liegen möchtest. Mach es dir bequem und schließ die Augen...

Während du mir zuhörst, kannst du spüren, dass deine Arme und Beine immer schwerer werden... Du spürst das warme Gewicht deines Körpers, während du dich entspannst. Lass zu, dass eine gewisse Müdigkeit und Schwere über dich kommt... Vielleicht fühlst du dich ähnlich wie vor dem Einschlafen in einer Nacht, wo du intensive Träume hast und dich in Welten bewegst, die weit entfernt von deinem Alltag zu sein scheinen...

Du wirst nachher die Möglichkeit haben, etwas zu erleben, was dir vielleicht zunächst exotisch erscheint, weil du nicht weißt, dass in Hunderten, ja sogar in Tausenden von Jahren Menschen an den verschiedensten Stellen der Erde solche Erfahrungen gemacht haben, wenn sie Heilung suchten, Reife oder Erleuchtung...

Viele tausend Jahre lang hatten die Menschen das Recht, in einen Tempel zu gehen und dort eine Nacht zu schlafen. Und in dieser Nacht kamen Götter, Engel oder andere Wesen, die mehr Macht und Weisheit hatten als die Menschen... Der Schläfer wünschte sich diese machtvollen Wesen herbei, damit sie ihm etwas geben sollten, was er sich nicht selbst geben konnte: eine Heilung, Weisheit und Erleuchtung... Diese hilfreichen Gottheiten kamen im Traum zu dem Schläfer. Sie schenkten ihm einen neuen Blick auf sein Leben, eine Vision, die seine Energien aktivierte, die vielleicht blockiert waren...

Tausende und Abertausende von Jahren gab es diese Praxis. Für jeden war das eine gute und unvergessliche Erfahrung, wenn er in den Tempel ging und dort eine Nacht lang schlief und träumte.

Dieselbe Erfahrung können wir noch heute machen. Auch wir haben die Möglichkeit zu träumen und die hilfreichen Mächte um Mitwirkung bei diesem alten und mächtigen Ritus zu bitten... Geh noch tiefer in dich hinein, bis du dort einen Tempel findest – zeitlos und an einem heiligen Ort... Lass dich überraschen, wo du ihn finden wirst – in einem Tal, oben auf dem Gipfel eines Berges, an einem

Fluss, auf einer Insel in einem See, in einer Wüste oder am Rande des Dschungels... Wenn du deinen Tempel gefunden hast, dann entdecke bitte in seiner Nähe eine heilige Quelle. Zu dieser Quelle bekommen die Pilger, um zu trinken... Lass dich hier von Tempeldienern begrüßen, die in lange Gewänder gehüllt sind und deren Gesichter dir wie Schatten vorkommen... Schweigend wirst du in den Tempel geführt... In einem quadratischen Raum machen deine Führer Halt. Sie geben dir einen Krug mit dem heiligen Wasser der Quelle und einen Becher. Du trinkst davon, so viel du möchtest... Du weißt, dass das heilige Wasser dich reinigt und erfrischt und dich auf diese Nacht vorbereitet...

Dann führen dich die Tempeldiener weiter – einen langen, langen Gang entlang, einige Treppen hinab, bis zu einem kreisrunden Raum, in dessen Mitte ein flacher steinerner Tisch steht. Du legst dich auf die große Platte aus Stein und bist überrascht, wie bequem du dort liegen kannst. Du wirst plötzlich ganz müde... Schlaf überfällt dich, deine Augenlider werden ganz schwer, und du hast das Gefühl, dass du von einer schweren warmen Dunkelheit zugedeckt wirst... Die Tempeldiener ziehen sich wie Schatten zurück, und du kannst jetzt in einen sehr tiefen, heilsamen Schlaf fallen... In diesem Schlaf wirst du träumen, und in deinen Traum kommen die Götter zu dir, die Engel oder wie du diese mächtigen Wesen auch immer nennen möchtest, die am besten wissen, was getan werden muss, um deine Kraft zu aktivieren, um eine Veränderung in dir einzuleiten... Und es reicht aus, wenn du daran glaubst, dass diese Mächte bereit sind, in dieser Nacht für dich dazusein und dein Bestes zu bewirken. Lass dich überraschen, wie sie das tun werden: Vielleicht halten sie dich in ihren Armen... vielleicht zeigen sie dir ein Symbol... vielleicht lassen sie dich heilende Musik hören... vielleicht halten sie eine Medizin für dich bereit – ihnen ist alles möglich... Du kannst dich ganz sicher fühlen, wenn du jetzt deinen Tempeltraum beginnst, der vor dir schon so viele andere inspiriert hat...

Ich werde jetzt eine Weile schweigen. Auch wenn du meine Stimme nicht hörst, kannst du mit einem schmalen Band deines Geistes mit mir verbunden bleiben... (3 bis 5 Minuten)

Und nun tauchst du langsam aus deinem Tempeltraum auf... Bemerke, wie zunächst nur ein schmaler Lichtstrahl in den Raum fällt, wo du geträumt hast. Lass es im Raum immer heller werden... Vielleicht hörst du auch einen Gong, der früh am Morgen angeschlagen wird, oder du hörst die Diener und Priester des Tempels singen... Höre die Schritte der Tempeldiener, die dich zum Ausgang des Tempels geleiten wollen... Während du den Weg zurückgehst, den du gekommen bist, fühlst du dich zunehmend wacher und leichter... Bring das aus dem Tempel mit, was für dich wichtig und wertvoll ist. Sage dem Tempel Adieu und wisse, dass du ihn in deinem Innern immer wiederfinden kannst...

Nun reck und streck dich... Atme einmal tief aus und öffne die Augen... Sei wieder hier, erfrischt und wach...

Tief im Dschungel – hoch oben in Nepal

Setz dich bequem hin und mach deinen Rücken ganz gerade... Hol ein paar Mal tief Luft und schick die warme Energie deines Atems in alle Teile deines Körpers, die jetzt noch müde oder angespannt sind oder vielleicht sogar schmerzen... Lass beim Ausatmen alles Unbehagen aus dir hinausfließen, so dass du dich immer leichter und entspannter, immer sicherer und behaglicher fühlen kannst...

Und nun geh tief in dich hinein und finde einen schmalen Pfad, den vor dir schon andere gegangen sind. Dieser Weg führt durch den Regenwald, vorbei an mächtigen, uralten Bäumen, an denen Flechten und Lianen wie grüne Schleier herabhängen. Der Boden ist bedeckt mit dicken Moospolstern, herabgefallenen Blättern und Farnen in allen Größen. Der schmale Weg gibt dir Sicherheit, und du musst dir keine Gedanken machen über die wilden Tiere des Dschungels, deren Stimmen du hören kannst... Auch wenn du noch nie hier gewesen bist, weißt du, dass dich dieser Weg zu deinem Ziel führen wird. Nach einer Weile kommst du an eine Lichtung, und du bleibst am Rande stehen. Du siehst, dass ein kleiner Stamm von Eingeborenen ein Ritual begonnen hat. Du hörst den Klang verschiedener Trommeln, und du hörst die Eingeborenen singen. In der Mitte der Lichtung brennt ein Feuer, und darum herum tanzen die nackten glänzenden Körper, leuchtend rot und mit schwarzen und weißen Streifen bemalt... Zunächst bleibst du als Zuschauer am Rande, aber du bemerkst, dass der Rhythmus der Trommeln in deinem eigenen Körper Resonanz findet, bis du dich in dem gleichen Takt bewegst wie diese Menschen... Du spürst, dass auch du von der Stimmung dieses Rituals erfasst wirst... Du spürst in deinem Körper, was diese Eingeborenen tun – du fühlst ihre Gefühle, du weißt, was sie wissen... Dein Bewusstsein verschmilzt mit dem Bewusstsein der Tänzer, und immer stärker wird dein Wunsch, an dem Ritual teilzunehmen, mitzutrommeln, mitzutanzen, mitzufeiern, in dieselbe Trance zu gehen und dieselbe Ekstase zu erleben wie die Tänzer...

Und während du noch glaubst, am Rande zu stehen – auch wenn du schon vollständig von dem Ritual ergriffen bist – so wurdest du doch längst erkannt. Du fühlst dich auf eine unwiderstehliche Weise eingeladen, mitzumachen. Mit deinen europäischen Kleidern legst du auch deine westlichen Hemmungen ab und lässt dich von diesen freundlichen und weisen „Wilden" anstecken, deine eigene Wildheit auszudrücken... Mehr und mehr löst sich dein individuelles Bewusstsein in dem Klang der Trommel auf, im Gesang und im Tanz dieser fremden Kultur... Du hast es nicht für möglich gehalten, dass du so weit gehen könntest... Du spürst eine zunehmende innere Verwandtschaft, ja sogar Gleichheit – dein ganzer Körper, deine Nerven, jede einzelne Zelle erinnert sich, und du weißt mit einem Mal, dass du in deinen Vorfahren auf dieselbe Weise gefeiert hast... Alles ist dir bekannt, alles vertraut – du fühlst dich hier zu Hause... (2 bis 3 Minuten)

Verlass nun dieses Fest, das vielleicht noch weiter geht. Deine neuen Freunde haben Verständnis dafür, dass deine Suche noch nicht zu Ende ist. Erinnere dich vollständig an alles, was du hier erlebt hast, und bleibe in deiner tiefen Entspannung... Entspanne dich noch tiefer und kehre zurück zu dem Pfad, von dem du ausgegangen bist... Sei wieder tief in deinem Inneren und lass dich von meinen Worten weit weg führen zu einem anderen heiligen Platz... Diesmal kommst du in ein mächtiges Gebirge, das aussieht, als ob es irgendwo in Tibet, Nepal oder Indien läge...

Wo immer du bist, du weißt, dass du dich hoch oben in den Bergen befindest. Vor dir liegt ein großer steinerner Tempel mit flachen Stufen, die zum Eingang führen. Während du eine Stufe nach der anderen hinaufgehst, entspannst du dich tiefer und tiefer... Dann betrittst du den Tempel. Jetzt kannst du sehen, dass auch eine Gruppe von Mönchen in gelben und orangefarbenen Gewändern in den Tempel gekommen ist, um hier zu singen und zu beten...

Und die Mönche werden gleich ihren Gesang beginnen. Diese Musik hat ihr Orden in Tausenden von Jahren entwickelt. Eine Musik, die Gebet ist, und die sie in direkten Kontakt mit ihren Gottheiten bringt, mit jener höchsten Macht, die das Universum hütet. Der

Gesang der Mönche gewinnt an Kraft. Er erfüllt den Tempel und geht weit darüber hinaus. Die Mönche fühlen sich durch ihren Gesang mit dem heiligen Ursprung aller Dinge verbunden, und für dich ist diese Musik schön und gewaltig. Je länger du zuhörst, desto vollständiger erlebst du, was auch die Mönche erleben. Überlass dich mehr und mehr der Kraft dieser Musik und spüre, wie du dein Herz weiter und weiter öffnest... Du hast keine Worte dafür, aber du siehst, wie in deinem Innern aus der Dunkelheit eine Lotusblüte aufsteigt und sich mehr und mehr öffnet... (2 Minuten)

Und nun bring auch von diesem heiligen Platz das mit, was du dir erhalten möchtest. Verabschiede dich von dem Tempel und merke dir, wie du ihn wiederfinden kannst... Spüre deinen Körper, reck und streck dich ein paar Mal, atme einmal tief aus und öffne die Augen... Sei wieder hier, erfrischt und wach...

Ein Frühlingstag

Bitte fang an, im Uhrzeigersinn hier im Raum herumzugehen. Wähle dein Tempo so, dass du deinen Körper spüren kannst. Bemerke, wie du atmest... Bemerke, wie sich deine Füße anfühlen... Bemerke auch deine Stimmung, in der du jetzt gerade herumwanderst...

Ich werde dich zu einer Phantasiereise einladen und beschreiben, wo du gerade bist. Du kannst dann durch deine Bewegung darauf reagieren. Zeige mit deinen Körper und mit deinen Bewegungen, was dir durch den Sinn geht und wie du dich fühlst...

Stell dir einen wunderschönen Frühlingstag vor... Die Sonne scheint schon kräftig, und du gehst durch grüne Felder... Du gehst einen Feldweg entlang... Die Bauern haben alle Vertiefungen mit Schutt und kleinen Kieselsteinen ausgefüllt. Wenn du darübergehst, knirschen die Steine unter deinen Füßen...

Jetzt ziehen Wolken auf, und du fühlst die ersten Regentropfen... Du gehst weiter und möchtest den Weg abkürzen. Du gehst über eine Wiese, die immer morastiger wird... Deine Schuhe sinken tief ein, und du musst dich anstrengen, um deine Füße wieder aus der sumpfigen Erde herauszuziehen... Am Ende der Wiese siehst du einen schmalen, befestigten Fußweg. Hier kannst du wieder richtig flott gehen... Nach einer Weile kommst du an eine Quelle, die in einen ausgehöhlten Baumstamm fließt. Wenn du willst, kannst du hier etwas von dem klaren Wasser trinken und auch deine Schuhe reinigen...

Du gehst nun weiter und bemerkst, dass sich die Landschaft plötzlich verändert... Der Weg führt in bergiges Gelände, und je höher du gelangst, desto kälter wird es. Auf den Berghängen liegt noch Schnee, und die Luft, die du atmest, ist frisch und klar... Zum Glück scheint die Sonne weiter, und dir wird warm, weil es so steil bergauf geht. Du blinzelst mit den Augen, weil der glitzernde Schnee das Sonnenlicht zurückstrahlt. Die Sonne scheint hier stärker, und du kannst die Sonnenstrahlen auf deiner Haut riechen... Du nimmst etwas Schnee in die Hand und kostest davon...

Nun kommst du an einen sanften Abhang mit einer Rodelbahn. Du findest einen alten Schlitten und gleitest den Abhang hinab... Du wirst schneller und schneller, und erst weit unten im Tal kommt dein Schlitten zum Stehen...

Dort umgibt dich eine ganz andere Landschaft und in einer anderen Jahreszeit... Es ist Mitte Juli, und du bist an einem heißen Strand am Meer... Die Sonne brennt, und dein Körper wird wärmer und wärmer... Deine bloßen Füße brennen auf dem heißen Sand...

Plötzlich empfindest du ein Kribbeln in deinem Körper. Du entdeckst, dass du zu wachsen beginnst... Arme und Beine, Kopf und Rumpf, alles wird größer... Du kannst dieses Wachstum anhalten, wenn du das Gefühl hast, dass du eine passende Größe erreicht hast. Du schaust dich um und entdeckst, dass du nun viel weiter sehen kannst... Du fängst an, über den Strand zu laufen und genießt es, dass du riesengroße Schritte und Sprünge machen kannst... Nun springst du ins Wasser, das sich angenehm kühl anfühlt. Mit deinen langen Armen und Beinen kommst du schnell voran... Du durchquerst die Brandung und schwimmst mit kräftigen Stößen durch das salzige Wasser... In einem großen Bogen schwimmst du zur Küste zurück...

Du spürst auf einmal, dass du langsamer und langsamer wirst. Verwundert stellst du fest, dass du angefangen hast zu schrumpfen... Du wirst kleiner und kleiner... und du schwimmst langsamer und langsamer... Beine und Arme, dein ganzer Körper, deine Finger und Fingernägel, alles schrumpft, bis du dich in einen Flaschenkorken verwandelt hast, der oben auf dem Wasser tanzt... Jetzt musst du dich nicht mehr anstrengen, sondern du überlässt es dem Wasser, dich zu halten und im Takt der Brandung zu wiegen... Mit jeder Welle kommst du dichter zum Ufer, und eine besonders große Welle schleudert dich hoch auf den Strand, wo du neben Muscheln und Seesternen liegen bleibst... Die Sonne hat dich schnell getrocknet, und vom Wasser bleibt nur ein feiner Salzschleier auf deiner Oberfläche... Wenn der letzte Tropfen auf dir getrocknet ist, verwandelst du dich wieder und bekommst deinen menschlichen Körper zurück – Arme, Beine, Bauch und Kopf in deiner natürlichen Größe...

Du bist nicht mehr am Strand, sondern wieder hier in diesem Gruppenraum... Du reckst und streckst dich ein wenig und schüttelst Arme und Beine aus... Dann schaust du dich einmal im Raum um und bemerkst, dass du wach und erfrischt bist...

Der Garten

Setz dich bequem hin und schließ die Augen... Atme einmal tief aus und geh nach innen... Finde in dir das Tor, durch das du gehen musst, wenn du jenen Garten betreten willst, der nur dir gehört... Geh durch dieses Tor hindurch und betritt einen wunderschönen Garten. Vielleicht ist das ein Gemüsegarten, ein Blumengarten oder irgendeine andere Art Garten, die dir gefällt... Wie geht es dir in diesem Garten?... Wie fühlt sich der Boden unter deinen Füßen an?... Welche Farben und Düfte kannst du bemerken?... Wie schmeckt die Luft?... Kannst du irgendwelche Klänge oder Töne hören?...

Du weißt, dass du in diesem Garten ungestört bist. Dein eigener Garten ist nur für dich da. Alles, was hier geschieht, ist zu deinem eigenen Besten. Und wenn du gemischte Gefühle bemerkst, dann akzeptiere sie, weil sie das spiegeln, was du als Kind gelernt hast. Du kannst sie zur Seite legen und später erforschen...

Und jetzt stell dir vor, dass du durch deinen Garten wanderst... Auf der einen Seite siehst du einen Bereich, wo alles gut wächst – genauso, wie du es möchtest. Offensichtlich hast du dich um diesen Teil des Gartens gekümmert. Alles ist gewässert, gedüngt und beschnitten. Es gibt kein Unkraut... Du fühlst dich wohl hier, und du weißt, dass dieser Teil des Gartens all die Dinge symbolisiert, die du in deinem gegenwärtigen Leben gut machst. Lass dir ein wenig Zeit, die guten Gefühle zu genießen, die du über diesen Teil des Gartens empfinden kannst... (1 Minute)

Wende dich um und sieh einen anderen Teil des Gartens, den du offensichtlich vor kurzem umgegraben hast. Du siehst fruchtbare, dunkle Erde. Hier hast du dich von Ballast getrennt, und du hast Raum gemacht, um neue Ideen zu säen. Spüre, wie gut es sich anfühlt, dass du diese Arbeit getan hast, die die Voraussetzung dafür ist, dass du neue Ideen und neue Ziele wagst und Neues ausprobierst... (1 Minute)

Weiter hinten gibt es im Garten einen Bereich, der schwieriger zu erreichen ist. Vielleicht gibt es eine Dornenhecke, die diesen Teil abtrennt; vielleicht wuchern hier Gestrüpp und Unkraut; vielleicht ist der Boden rissig, weil Wasser fehlt; vielleicht ist er aber auch sumpfig... Dieser Teil des Gartens braucht deine Aufmerksamkeit. Was hältst du davon, hier aufzuräumen, was du lange vernachlässigt hast? Wie gefällt dir der Gedanke, wenn du dich mit Dingen beschäftigst, die du bisher aus deinem Denken verbannt hast?...

Wahrscheinlich ist dieser vernachlässigte Teil des Gartens umgeben von wunderschönen blühenden Bereichen. Vielleicht ist der Gedanke tröstlich für dich, dass die Überreste und unerledigten Dinge aus der Vergangenheit nicht die ganze innere Landschaft dominieren und dass neben den vernachlässigten Bereichen deiner inneren Landschaft die gesunden und starken Teilen deiner Person existieren...

Vielleicht hast du Lust, ab und zu etwas Zeit in dem vernachlässigten Teil des Gartens zu verbringen, um hier umzugraben, zu roden, zu wässern, zu pflanzen und zu düngen... Wenn du das tust, wird dein Unbewusstes verstehen, dass du in den unerledigten Themen deiner Vergangenheit tiefer schürfen willst. Im Augenblick reicht es aus, wenn du ein wenig jätest, hackst oder umgräbst, um das zu Tage zu fördern, was hier begraben liegt und um das zu entfernen, was du nicht länger brauchst... Wenn du dich gleich an die Arbeit machst, dann denke bitte daran, dass es für deinen inneren Garten keine „richtige Methode" der Kultivierung gibt... Dein Unbewusstes weiß selbst am besten, was zu tun ist und welche Symbole und Bilder eine persönliche Bedeutung für dich haben können... (2 Minuten)

Vielleicht freut es dich, wenn du weißt, dass du nicht ständig in deinem inneren Garten ackern musst, aber wenn du erst einmal damit angefangen hast, dann wird dein Unbewusstes dich unterstützen und sich an dieser Arbeit beteiligen. Dein Unbewusstes kann weiterarbeiten, auch wenn dein Bewusstsein den Garten verlassen hat und sich anderen Dingen zuwendet. Es kann eine angenehme Überraschung für dich sein, wenn du später zu deinem Garten zurückkehrst und feststellst, dass die Saat aufgegangen ist, die bereit war für neue Ideen, für neue Wünsche, für neue Themen... Vielleicht wirst du feststellen, dass du in deinem Garten schon mehr geschafft hast, als du glaubtest. Das Wichtigste ist, dass du deinen inneren Garten liebst und dass du immer wieder beobachtest, wie er sich entwickelt, und welchen Beitrag dein Bewusstsein dazu leisten kann...

Und nun ist es Zeit, den Garten zu verlassen... Bring mit, was wertvoll für dich ist, und wisse, dass du jederzeit in deinen Garten gehen kannst, wenn du ein Problem klären willst, wenn du innere Ruhe finden möchtest, wenn du dich tief regenerieren willst...

Benutze wieder das Tor, durch das du gekommen bist. Reck und streck dich ein wenig... Atme einmal tief aus... Öffne die Augen und sei wieder hier, erfrischt und wach...

Die Wüste

Setz dich bequem hin und schließ die Augen... Atme einmal tief aus und geh nach innen... Finde dort in deinem Inneren die Tür, durch die du gehen musst, wenn du das Reich deiner Träume betreten möchtest...

Stell dir nun vor, dass du am Rande einer Wüste stehst... Du blickst auf ein Meer von Sand, der in vielen Farben schimmert – weiß, hellgelb, rötlich und ockerfarben... Mach ein paar Schritte in dieses Sandmeer und spüre, wie deine Füße in dem warmen, vollständig trockenen Sand einsinken...

Nun lass hier und da Felsbrocken erscheinen, die übereinander getürmt sind wie uralte, geheimnisvolle Statuen... Sieh am Rande der Wüste Disteln, Dornenbüsche und vertrocknete Gräser... Dein Blick fällt auf einige riesige Wanderdünen, auf das Skelett eines Kamels und auf die Reste eines verfallenen Gebäudes, das aus dem Sand herausragt... Der Himmel über der Wüste ist lapislazuliblau... Und es ist vollkommen still...

Wende den Kopf und sieh in der Ferne eine Karawane auf ihrer Reise durch die Wüste... Höre, wie aus dem Sandmeer eine Stimme zu dir spricht: „Wenn du eine Oase finden willst, musst du bereit sein, durch die Wüste zu gehen."

Nimm diesen Satz und bewege ihn in deinem Herzen. Welche Wüste will von dir durchwandert werden?... Welche Oase ist dein Ziel?... (1 Minute)

Nun lass das Bild der Wüste in dir verlöschen und komm mit deiner Aufmerksamkeit hierher zurück... Bring alles mit, was für dich wertvoll ist. Reck und streck dich ein wenig... Atme einmal tief aus und öffne die Augen... Sei wieder hier, erfrischt und wach...

Planetarisches Bewusstsein

Synergie

Lege dich bequem auf den Boden und schließ die Augen... Strecke dich ein paar Mal und überlasse dich deiner Schwerkraft... Spüre deinen Atem in beiden Lungenflügeln, in deinem Bauch... Spüre, wie du ganz von selbst atmest... Du musst dich nicht anstrengen... Ohne Plan atmest du, und du könntest es auch so sehen: Du wirst geatmet. Das Leben lässt dich atmen. Jeden in diesem Raum lässt das Leben atmen, jeden Menschen auf dieser Welt – in Afrika, auf Madagaskar, Tasmanien und auf Grönland. Überall wird in diesem Augenblick geatmet, und während du deinen Atem spürst, mach dir bitte klar, dass wir alle die Luft dieses Planeten atmen... Sie verbindet uns alle...

Der Sauerstoff gibt jeder Zelle die Kraft für den Stoffwechsel des Lebens, für die Produktion von Energie... Lass dein Bewusstsein ganz weit werden, so dass du die Lebenskraft in dir spüren kannst... Deine Lebenskraft strömt herein und hinaus: aus deinem Kopf, aus deinen Fingern, aus deinen Zehen... Lass dein Bewusstsein diesen Energielinien folgen. Stell sie dir bildlich vor, wie kleine Lichtfäden vielleicht, hauchdünn und pulsierend. Deine eigenen Energielinien verbinden sich mit den Energien all der anderen Menschen in diesem Raum, wie ein feines Netz, das uns alle hält...

Dieses Netz reicht weit über diesen Raum hinaus, denn es besteht aus Beziehungen, die gewebt sind aus all den Verbindungen, die uns mit der Welt und dem Universum verknüpfen... Bemerke die Vielfalt dieser Verbindungen und Beziehungen, die sich aus Arbeit und Liebe ergeben, aus Lachen und Tränen. Diese Beziehungen gehen durch Zeit und Raum. Sie bilden deine Identität, sie lassen dich leben, geben dir deinen Platz... Spüre diese Verbindungen... Spüre, wie du von ihnen gehalten wirst...

Das Netz, das dich hält, besteht auch aus Materie, aus deinen Knochen und Muskeln, aus Blutgefäßen und Haut, die aus deiner Nahrung, aus Getreidekörnern und Gemüse, aus Früchten und Nüssen aufgebaut werden... All das kommt von vielen Orten aus der Nähe und aus der Ferne... Du kannst an das Gras denken und an die mahlenden Kiefer der Kuh, die die Milch gibt, aus der wir Butter und Käse gewinnen... Du kannst an den Boden denken, der das Getreide wachsen lässt für dein Brot, an die Äste des Orangenbaumes, an die Reihen der Kartoffelpflanzen auf dem Feld... Du kannst an alle diejenigen denken, die gesät haben, gepflügt und geerntet und deine Nahrung produziert haben... Und du bist mit allem verbunden...

Aber das Netz unserer Beziehungen reicht auch zurück durch die Zeit. Mütter und Väter, Urgroßmütter und Urgroßväter, die uns ihre Gene vererbt haben, unsere Hautfarbe, unser Temperament, unsere Intelligenz... Wir können unsere Vorfahren in unseren Gesten sehen und sie in unseren Stimmen hören... Das Netz reicht über zahllose Generationen, weit zurück zu unendlich vielen Vorfahren, die wir gemeinsam haben, und noch weiter zurück bis hin zu unseren Brüdern und Schwestern mit Federn und Flossen, denn wir alle sind aus dem Staub der Sterne gemacht... Der Strom der Zeit hat uns unsere Existenz geschenkt... Spüre diesen Strom der Zeit, während du jetzt ausruhst... Wir alle sind wie kleine Edelsteine in diesem riesigen Netz, die zum Leuchten gebracht werden durch Intelligenz und Mitgefühl... Dieses Netz hat unendlich viele Knoten – die Schreie der Möwen, die über dem Ozean auf Jagd gehen... die Berge, die sich über die Erde erheben... die Farben des Sonnenaufgangs... der Duft der Kiefern... die Melodien unserer Kinderlieder... die Faszination neuer Ideen...

Natürlich gibt es auch Leid, das in das Netz eingewebt ist... Hunger und Kriege, Krankheiten und Umweltkatastrophen. Auch das gehört zu unserer Geschichte. Wir wollen uns diesen Sorgen nicht verschließen, denn wenn wir den Schmerz ausblenden, dann blockieren wir auch die Freude... Wir wollen uns dem Strom des Lebens und der Veränderung öffnen... Wir wollen die Liebe spüren, die uns bereichert und die wir geben können... Wir wollen die Sorge spüren für alle die Menschen, die wir kennen und die wir nicht kennen und für die ganze Erde...

Öffne dich für den Rhythmus dieses großen Netzes, für sein Flüstern, für sein Donnergrollen, denn dieses Netz des Lebens hat alles geschaffen – Steine, Tiere und Pflanzen, Liebe und Intelligenz, alles was wir kennen... Tränen und Lachen haben uns geformt, so wie auch Schwalben und Forellen geformt wurden... Wir sind Bestandteil dieses Gewebes, auch wenn wir manchmal Angst haben und uns fragen, wie es weitergehen wird. Wir sind ein Spiegel des Universums, das in uns über sich selbst nachdenken kann... Wir sind wie kleine Zellen im göttlichen Geist...

Und auch in dunklen Zeiten wollen wir uns für das Leben öffnen. Manchmal können wir das Licht nicht sehen, aber wir verfügen über ein zeitloses Wissen. Wir kommen aus der Dunkelheit, sie liegt hinter unseren Augen... Wir haben die Kraft in die Dunkelheit zu sehen, bis das Dunkel wieder hell wird... Daraus können wir Kraft ziehen. Und wir sind mit dem Leben und mit der Erde verbunden... Und wir können uns zugehörig fühlen und beschützt...

Und während du diese Verbundenheit spürst, komm bitte zurück. Reck und streck dich ein wenig... Atme einmal tief aus... Öffne die Augen und sei wieder hier, erfrischt und wach...

Die Flamme des Lebens

Setz dich bequem hin und schließ die Augen... Fange an, langsam und gleichmäßig zu atmen... Kannst du dir vorstellen, dass das Leben ein Strom ist wie dein Atem? Nichts ist fixiert, alles ist in Bewegung – ein Kommen und Gehen, ständige Erneuerung...

Während du weiteratmest, bemerke den Rhythmus deines Atems... Die Luft strömt in dich, und du lässt sie wieder aus dir hinausströmen. Dieser Rhythmus wird andauern, solange du lebst...

Der Atem geht durch dich hindurch, herein und hinaus, 22.000 Mal jeden Tag... Vielleicht hältst du das meist für selbstverständlich. Gib dir jetzt etwas Zeit, das Wunder dieses strömenden Atems zu genießen. Warum solltest du dich nicht in den Atem des Lebens verlieben?...

Wenn wir atmen, dann tun wir das gemeinsam mit der ganzen Welt, in ununterbrochenem Austausch mit dem Ozean an Luft, der uns umgibt. Und ständig ändert sich der Charakter dieses Strömens. Der Atem ist Kraftquelle, Reinigung, zarte Umarmung, Heilung, Musik, Wind, der ein Feuer in Gang hält, Ausdruck der Liebe...

Wenn du einatmest, dann ist das ein Wunder. Jedes Einatmen ist wie der Anfang des Lebens...

Und wenn du ausatmest, dann ist auch das ein Wunder. Jedesmal wenn du ausatmest, trennst du dich von etwas Altem, auch von alten Gedanken und alten Gefühlen...

Und natürlich gibt es Pausen im Strom des Atems. Achte auf diese Pausen. Bemerke, wie dein Atem in den Körper strömt und entdecke die Fülle in dir in dem Augenblick, wo du fertig eingeatmet hast. Genieße diese Pause in deinem inneren Zentrum...

Und auch wenn du ausatmest, kannst du diese kurze Pause am Ende des Ausatmens genießen, diese schöpferische Leere, ehe der Atem wieder in dich hineinströmt... Von deinem Atmen kannst du noch mehr über Pausen lernen. Du kannst zum Beispiel lernen, auf den freien Raum zwischen den einzelnen Gedanken zu achten. Das erhöht dein Gefühl der Freiheit...

Und wenn du den Nachthimmel betrachtest, dann siehst du alle Sterne als einzelne Lichtpunkte vor dem Hintergrund der unendlichen Dunkelheit des leeren Raumes. Mach dir klar, dass das Universum fast vollständig leer ist. Es besteht zu 99,9 Prozent aus leerem Raum. Dann kannst du die winzigen Lichtpunkte noch viel mehr lieben, denn sie sind etwas Kostbares in dieser endlosen Leere...

Genauso kannst du die Zellen deines Körpers betrachten. Winzige Lichtpunkte in einer ungeheuren Leere. Und ab und zu kannst du versuchen, dich auch mit dem leeren Raum zu identifizieren und dieses Gefühl der Geräumigkeit und der Freiheit genießen...

Wenn du die Wärme deines Atems beim Ausatmen spürst, dann kannst du daran denken, wieviel Hitze dein Körper Tag für Tag erzeugt. Das ist schon erstaunlich! Tag und Nacht brennst du mit einer Temperatur von ungefähr 37 Grad, ganz unabhängig von der Außentemperatur. Jede einzelne Zelle deines Körpers ist wie eine kleine Flamme, die Wärme und unsichtbares Licht erzeugt. Und all diese Energie verdanken wir der Sonne. In gewisser Weise ist dein Körper aus Milliarden winziger Sonnen zusammengesetzt, die ihre Kraft der riesigen Sonne am Himmel verdanken. Bemerke ab und zu, dass dein Leben wie eine Flamme ist, und diese Flamme gibt dir Energie und Ruhe...

Und in den nächsten Tagen kannst du darüber nachdenken, dass dein Leben einer Flamme gleicht. Bemerke den ständigen Wechsel im Charakter dieser Flamme: Sie reinigt, sie gibt Kraft, sie ernährt und erfrischt, erneuert und erhellt. Manchmal scheuen wir vor der Intensität der Flamme des Lebens zurück. Du kannst versuchen, diese Angst abzulegen und Neugier daraus zu kultivieren. Und wenn du dich unsicher fühlst, wenn du Angst vor Veränderungen hast, kannst du mit deiner Aufmerksamkeit zu deinem Atemrhythmus zurückkehren, denn diesen Wechsel kennst du seit deiner Geburt, und du bist damit vertraut...

Nun atme einmal tief aus... Lass alle diese Betrachtungen in den Hintergrund treten. Reck und streck dich und öffne die Augen.

Wellen

Setz dich bequem hin und schließe die Augen. In diesem Moment hast du keine Aufgabe, für die du verantwortlich bist. Du kannst dich gehen lassen und anfangen, dich zu entspannen... einatmen und ausatmen... Spüre, wie sich das Ausatmen anfühlt...

Atme einmal tief ein, so als ob dein Körper ein Luftballon wäre, den du aufblasen möchtest. Halte den Atem einen Augenblick an und dann lass die Luft ganz langsam aus dir hinausströmen mit einem leise zischenden Geräusch... Und während du langsam und tief weiter atmest, kannst du bemerken, dass dein Körper sich immer lockerer fühlt...

Nun stell dir vor, dass du an einem Strand spazierengehst. Die vielen kleinen, warmen Sandkörner kitzeln deine Fußsohlen, während du den Strand entlangwanderst. Auf der Landseite siehst du Strandhafer, dessen graugrüne Halme in der Meeresbrise hin und her schaukeln... Über dir siehst du einige große Möwen ohne Flügelschlag ihre Kreise ziehen, und du kannst ihre Schreie hören.

Ganz automatisch tragen dich deine Füße zu einer kleinen Mulde in den Dünen, wo du dich bequem hinsetzen und auf das Meer schauen kannst. Unermesslich weit erstreckt sich die Wasserfläche, und ganz von selbst fängst du an, tiefer zu atmen. Hier kannst du dich gut ausruhen... Der Wind vom Meer berührt sanft deine Haut und sorgt dafür, dass du die Wärme der Sonne als angenehm empfinden kannst...

Du riechst das Salz des Meeres, und deine Gedanken wandern zu all den Lebewesen, die du mit deinen Augen nicht sehen kannst und die im Ozean leben...

Nun richtest du deine Aufmerksamkeit auf die Brandung vor dir. Hier erkennst du die gewaltige Kraft des Meeres, das Welle um Welle auf den Strand wirft in einem gleichmäßigen Rhythmus. Du findest den Punkt, wo sich die Welle aufrichtet und einen deutlichen Kamm bildet, um dann auf den flachen Strand zu stürzen. Das blaugrüne Wasser ändert dabei seine Farbe, es wird viel heller durch unendlich viele Luftbläschen. Einige bleiben wie Seifenschaum an der Wasserlinie liegen, wenn sich die Welle schon längst ins Meer zurückgezogen hat...

Beobachte das Steigen und Fallen der Wellen. Lass dich von dem Rhythmus des Ozeans einhüllen wie in eine leichte Decke. Im Augenblick willst du gar nichts weiter tun. Du kannst den wolkenlosen blauen Himmel genießen, den Sand unter dir und das Meer vor dir. Du fühlst dich durch den Rhythmus des Wellenschlages verzaubert, der dich tiefer und tiefer zur Ruhe kommen lässt... Du fühlst dich wie eine menschliche Pflanze hier neben Strandhafer, Wildrosen und Disteln, eingeordnet in die Welt der Natur. All deine Sorgen und Aufgaben erscheinen im Augenblick unbedeutend an diesem Platz, wo die Zeit stillzustehen scheint...

Du weißt nicht, wie lange du dich an dieser Stelle ausgeruht hast, als du dich entschließt umzukehren. Du verlässt den Strand und kommst wieder hierher zurück. Bring die kühle Ruhe des Meeres mit hierher. Atme einmal tief aus, öffne die Augen und sei erfrischt und wach.

Solidarität

Kommt paarweise zusammen. Setzt euch hin und schaut einander an, und bitte sprecht während dieser Meditation nicht.

Hol ein paar Mal tief Luft und komm innerlich zur Ruhe. Schau in die Augen deines Partners. Wenn du dich unbehaglich fühlst und das Bedürfnis spürst, wegzusehen, zu lachen oder zu sprechen, dann bemerke deine Unsicherheit mit Geduld und Verständnis und komm mit deiner Aufmerksamkeit wieder zu deinem Partner zurück, sobald dir das möglich ist. Und schau ihm ruhig in die Augen...

Vielleicht wirst du diesen Menschen nie wiedersehen, aber jetzt hast du Gelegenheit, die Einzigartigkeit und Einmaligkeit dieses besonderen Menschen zu entdecken...

Und während du in die Augen dieses Menschen schaust, werde dir bewusst, welches Potential in diesem Menschen steckt: Hinter diesen Augen liegt ein großer Vorrat an Mut und Intelligenz... an Geduld... Ausdauer... Humor... und Weisheit...

Da sind Talente, von denen dieser Mensch selbst vielleicht gar nicht weiß. Denke drüber nach, wie dieses ganze Potential bewirken kann, das Leben auf diesem Planeten besser zu machen... Und während du darüber nachdenkst, mach dir klar, dass du wahrscheinlich den Wunsch hast, diesem Menschen möge es gut gehen, er möge ohne Furcht leben... ohne Hass... ohne Kummer... ohne Schmerzen... Denke darüber nach, dass das, was du jetzt spürst, von den Christen Nächstenliebe und von den Buddhisten liebevolle Verbundenheit genannt wird...

Und wenn du weiter in diese Augen siehst, bemerke auch den Schmerz, der dort ist. Auch in diesem Leben gibt es Kummer und Leid, wie in jedem menschlichen Leben, auch wenn du das nur ahnen kannst. Es gibt Enttäuschungen, Misserfolge, Verluste, Einsamkeit und Verletzungen. Sei offen für dieses Leid, für Verletzungen, von denen dieser Mensch vielleicht nie gesprochen hat. Du kannst diesen Schmerz nicht wegnehmen, aber du kannst ihn bemerken. Während du dieses Leid anerkennst, empfindest du Mitgefühl...

Wenn du in die Augen dieses Menschen schaust, dann denke eine Weile darüber nach, wie es wäre, wenn ihr beide an einem Projekt und auf ein gemeinsames Ziel hin zusammenarbeiten würdet, wie es wäre, gemeinsam etwas zu wagen, gemeinsam zu planen, engagiert und vergnügt, gemeinsam Erfolge zu feiern, einander bei Rückschlägen zu trösten, einander Fehler zu vergeben und einfach füreinander dazusein. Und wenn du über diese Möglichkeiten nachdenkst, dann öffnest du dich für etwas sehr Wertvolles: Du freust dich über das Potential eines anderen, statt mit ihm zu konkurrieren; du freust dich, wenn sich der andere freut...

Lass deine Gedanken schließlich noch tiefer sinken, wie einen Stein, der im Wasser versinkt, tiefer nach unten, als das Worte je ausdrücken können. Denke an das weit verzweigte Netz von Beziehungen, das alles verbindet, quer durch Zeiten und Räume. Wenn du das Gesicht deines Partners betrachtest, dann kannst du dir vorstellen, dass du jemanden siehst, der zu einer anderen Zeit und an einem anderen Ort dein Freund oder dein Feind war, dein Kind oder dein Vorfahre. Und jetzt seid ihr zu diesem Zeitpunkt hier zusammengekommen, und du weißt, dass euer beider Leben unsichtbar miteinander verbunden sind. Ihr beide seid Knotenpunkte im Netz des Lebens, und dein Bewusstsein gibt dir die Chance, diese Verbundenheit zu spüren. Dieses Gefühl der Verbundenheit entsteht immer dann, wenn wir das Risiko eingehen, einander mit dem Herzen zu sehen und nicht mit unserem logischen Verstand... Friede, Solidarität und Sorge für unseren Planeten, all das wird nur möglich, wenn wir spüren, dass wir miteinander stärker verbunden sind, als wir das oft glauben...

Verabschiede dich nun von den Augen deines Partners und betrachte mit deinem inneren Auge die Menschen, die dir am nächsten stehen in deinem Leben, ebenfalls so aufmerksam – dein Kind, deinen Kollegen, den Taxifahrer oder dich selbst. Jeder kann das Leben auf diesem Planeten besser machen, jeder kann zum Glück seiner Mitmenschen beitragen, jeder kann dafür sorgen, dass die Menschheit eine Zukunft hat.

Und nun reck und streck dich ein wenig, atme einmal tief aus und sei wieder hier mit deiner Aufmerksamkeit, erfrischt und wach...

Die Geschichte
der Erde

Setz dich bequem hin und schließ deine Augen. Finde irgendeinen Weg, wie du deinen Herzschlag bemerken kannst... Vielleicht möchtest du eine Hand auf dein Herz legen oder auf eine Pulsader. Der Rhythmus deines Herzschlags kann dir helfen, die Vergangenheit zu verstehen, deine eigene Geschichte, die Geschichte deiner Vorfahren, die Geschichte dieser Erde, die uns mit allen Lebewesen verbindet. Die Kenntnis dieser großen Geschichte kann dir auch in unserer schwierigen Zeit Mut und Stärke geben und, was vielleicht am wichtigsten ist, neue Lust am Leben...

Dein Herzschlag hat dich immer schon begleitet – wenn du schläfst und wenn du aufstehst, wenn du arbeitest und wenn du liebst, stets hast du diesen inneren Klang gehört. Deinen Herzschlag hast du in deiner Kindheit gehört, bei deiner Geburt und auch schon vorher, als du noch im Bauch deiner Mutter herumgeschwommen bist, unterhalb ihres Herzens...

Aber du kannst dich von diesem Rhythmus noch weiter zurückführen lassen... viel weiter zurück... hinter das Leben unserer Eltern und all der Generationen davor... zurück bis zur Geburt der Sterne...

Wissenschaftler sagen uns, dass es ungefähr fünfzehn Milliarden Jahre her ist, dass die Sterne und das Universum entstanden sind. Und alle Bestandteile deines Körpers, das Kalzium deiner Knochen, das Wasser in deiner Körperflüssigkeit, das Eisen in deinem Blut, überhaupt alle Materie stammt von dieser kosmischen Geburt...

Gib dir Gelegenheit, deinen Körper in diesem Augenblick zu spüren – die Beweglichkeit deiner Gelenke, das Gewicht deines Schädels, all die Stellen, wo du Kontakt mit dem Boden unter dir hast. Alle Bausteine deines Körpers sind sehr, sehr alt. Sie waren in anderer Form bereits vor fünfzehn Milliarden Jahren präsent...

Natürlich kann sich dein Bewusstsein an diese Zeit nicht erinnern, aber vielleicht können es die Atome und Moleküle, die in deinem Körper herumtanzen. Damals bewegten wir uns alle in großen Gaswolken. Und schon diese ersten Partikel müssen so etwas wie Sehnsucht gekannt haben, denn sie suchten sich eine neue Form und bildeten die Atome. Diese Sehnsucht nach neuen Formen ist von da an geblieben, und du spürst sie heute in deinem Leben und in deinem Herzen. 10 Milliarden Jahre später löste sich ein besonders kreativer Teil aus einer glühend heißen Sonne, aus der Sonne, die wir auch heute mit unserem Gesicht und unserer Haut fühlen, und bildete eine neue Form, die wir am besten kennen, nämlich die Erde. Und wenn du jetzt deine Füße spürst, dann weißt du, dass du die Erde berührst. Wenn du deine Hand nimmst und dein Gesicht berührst, dann berührst du ebenfalls die Erde. Und auch wenn du die Mitglieder dieser Gruppe berührst, dann berührst du die Erde...

Und heute, nach fünf Milliarden Jahren, geschieht etwas Neues: die Erde wird sich ihrer selbst bewusst und möchte herausfinden, wer sie ist – und wir alle übernehmen diese Aufgabe, aber das hat eine Vorgeschichte...

Stell dir vor, dass das Leben der Erde auf 24 Stunden komprimiert werden könnte, und dass es um Mitternacht beginnt. Dann ist die ganze Zeit bis fünf Uhr nachmittags ausgefüllt mit geologischen Veränderungen und Abenteuern. Die vier Elemente bestimmen die Geschichte der Erde bis fünf Uhr nachmittags: das Feuer der Vulkane, Regen und Meere, Felsen und eine riesige Lufthülle um alles herum, in der es noch keinen Sauerstoff gibt. Aber um fünf Uhr beginnt das organische Leben...

Du kannst versuchen, dich nicht nur mit deiner jetzigen menschlichen Form zu identifizieren, denn auch damals warst du schon präsent... Das Feuer der frühen Vulkane und die Kraft der alten tektonischen Platten, all das ist auch heute noch in uns, und wir wissen, dass wir zu diesem nichtorganischen Leben eines Tages zurückkehren werden, zurück in den Schoß der Erde...

Aber jetzt haben wir unseren lebendigen Körper, und wir haben viele Merkmale aus dieser frühen Geschichte der Erde. Wir stammen aus dem Wasser, und daran erinnert uns das Fruchtwasser im Bauch unserer Mutter. Als Embryo entwickeln wir andeutungsweise Kiemen und Flossen. Und das Salz der Ozeane, aus denen wir stammen, fließt immer noch in unserem Schweiß und in unseren Tränen... Und auch an das Zeitalter der Dinosaurier gibt es Erinnerungen – unser Stammhirn entspricht dem Gehirn der Reptilien. Wir tragen es am Ansatz unserer Wirbelsäule. Und in unserem komplizierten Nervensystem spiegelt sich der Überlebenskampf des organischen Lebens, z. B. in unserem instinktivem Reflex, bei Gefahr entweder zu flüchten oder anzugreifen...

Und wann nahmen wir unsere Form als Säugetiere an? In den 24 Stunden der Erdgeschichte war das nicht mehr als eine halbe Stunde vor Mitternacht. Und wann wurden wir zu Menschen? Eine Sekunde vor Mitternacht! Unsere Geschichte als Menschen ist im Vergleich zur Erdgeschichte also sehr, sehr kurz. Zuerst lebten wir in kleinen Gruppen in Afrika. Wir waren sehr verletzlich. Wir hatten nicht die Geschwindigkeit der anderen Säugetiere, wir hatten keine Pranken, keine Reißzähne und keine Panzerplatten, aber wir hatten diese bemerkenswerten Hände – diese wunderbare Erfindung der vier Finger mit dem gegenüberliegenden Daumen – so dass wir Werkzeuge anfertigen und einander berühren konnten. Und unser Kehlkopf und unsere Hirnrinde gaben uns die Fähigkeit zur Sprache. Die Sprache wiederum gibt uns die Möglichkeit, zusammenzuarbeiten und gemeinsam Rituale zu feiern. Und die längste Zeit unserer menschlichen Geschichte verbrachten wir am Rande der Wälder, wir sammelten Früchte, wir jagten, wir flochten Körbe, und wir erzählten uns am Feuer Geschichten...

Schließlich verbreiteten wir uns über die ganze Erde. Wir lernten, auch in kaltem Klima zu überleben. Wir jagten den Mammut und gaben den Bäumen in den nördlichen Wäldern ihre Namen. Und zu dieser Zeit spürten wir, dass wir der Erde unser Leben verdanken, und darum schnitzten wir die Erde als Muttergottheit. Wir verehren sie, weil sie Tiere und Menschen fruchtbar macht. Darum gaben wir ihr Brüste und ein breites Becken...

Später begannen wir ein großes Experiment. Wir legten Felder an, wir zähmten Tiere und führten das Privateigentum ein. Wir bauten große Städte mit Kornspeichern, Tempeln und Sternwarten, um unsere Zeit besser einteilen zu können.

Von da an wird unsere Entwicklung immer schneller. Wir möchten uns selbst besser kennenlernen, wir möchten die Welt genauer verstehen, und darum hören wir auf, die Erde als Mutter zu betrachten. Wir entwickeln Theorien, und wir wählen uns Helden, die uns zeigen, was Freiheit ist. In dieser Zeit entstehen auch die großen Religionen. Buddha, Jesus von Nazareth und Mohammed prägen unser Denken und Empfinden. Und erst spät beginnt jene Welt, die wir so gut kennen: die industrielle Gesellschaft mit Forschungslabors, mit Medikamenten und Pestiziden, mit Autos, Flugzeugen und Schaufelladern…

Eine Zeitlang glaubten wir, dass Kriege die hauptsächliche Gefahr für uns wären, aber heute wächst immer stärker die Erkenntnis, dass unsere Erde selbst in Gefahr ist. Wir holzen in ein paar Jahrzehnten Regenwälder ab, die die Natur in 60 Millionen Jahren wachsen ließ. Wir plündern die Vorräte des Planeten, wir vergiften das Wasser und zerstören unsere schützende Lufthülle. Wir wissen, dass es der Erde heute schlecht geht. Das ist eine neue Situation. Unsere Vorfahren haben mit der Sicherheit gelebt, dass das Leben auf unserem Planeten immer weitergehen würde, auch wenn sie von Kriegen und Seuchen heimgesucht wurden. Diese Sicherheit haben wir verloren. Wir haben nicht die Zukunft verloren, aber die Sicherheit, dass es eine Zukunft gibt. Darum müssen wir anfangen, eine neue Art von Verantwortung für die Erde und für unsere Zukunft als Spezies zu übernehmen…

Wenn du nach Hause in deinen Alltag zurückkehrst, dann höre immer wieder deinen eigenen Herzschlag; und wenn du das tust, dann denke bitte dran, dass du in deinem schlagenden Herzen auch den Herzschlag des Universums hörst, den Herzschlag der Erde und den Herzschlag deines eigenen tiefen Selbst. Erinnere dich an deine Geschichte und an unsere Geschichte. Du bist nicht erst seit deiner Geburt auf dieser Welt. Du kennst das Werden und Vergehen seit uralten Zeiten. In deinem Herzschlag und in deinem Körper bist du vertraut mit dem geheimnisvollen Gleichgewicht des Lebens. Dieses Wissen kann dir Mut geben und Durchhaltevermögen, über das du schon so lange verfügst, weil deine eigene Lebensgeschichte auch die Geschichte der Erde ist. Du kannst mithelfen, dass sie auch für die Generationen nach uns eine Heimat sein kann.

Mitgefühl, Verbundenheit, Liebe

Schließ deine Augen und mach es dir auf deinem Stuhl bequem. Wenn du ausatmest, lass alle Anspannung aus deinem Körper hinausströmen... Nun atme bitte gleichmäßig weiter in einem Rhythmus, der sich für dich angenehm anfühlt. Lass alle Gedanken in den Hintergrund deines Geistes treiben, während du ganz entspannt bemerkst, wie dein Atem kommt und geht... kommt und geht...

Denke nun bitte an jemanden, den du sehr liebst. Sieh mit deinem geistigen Auge das Gesicht dieses geliebten Menschen und sag lautlos seinen oder ihren Namen... Empfinde die Liebe, die du für diesen Menschen hast... empfinde sie wie einen Strom von Energie, der durch dich hindurchgeht... Spüre, wie sehr du es dir wünschst, dass es diesem Menschen gut geht... wie sehr du hoffst, dass dieser Mensch keine Angst haben muss, keine Schmerzen und kein Leid...

Spüre diesen warmen Strom der Liebe in deinem Herzen und lass vor deinem geistigen Auge alle Menschen erscheinen, mit denen du Tag für Tag zusammen bist, Mitglieder deiner Familie, enge Freunde und Kollegen und alle diejenigen, mit denen du zusammenlebst und arbeitest... Versammle sie in Gedanken in einem Kreis um dich herum... schau sie an, einen nach dem anderen... sag still ihre Namen und sende jedem von ihnen deine Liebe... Vielleicht sind unter ihnen einige, mit denen du im Augenblick Schwierigkeiten hast oder Konflikte. Bemerke gerade ihnen gegenüber deinen Wunsch, dass auch sie frei sein mögen von Angst, Ärger, Gier und Ignoranz und all den anderen Ursachen des Leidens...

Lass nun in größeren konzentrischen Kreisen jene Menschen erscheinen, die dir ferner stehen – Bekannte, Geschäftspartner und Klienten... Stell dir vor, dass das Licht deiner Zuwendung auch auf diese Gesichter fällt, die zufällig vor deinem geistigen Auge erscheinen. Spüre, wie sehr du wünschst, dass auch sie frei von Gier sein mögen, von Angst, Hass und Konfusion. Empfinde deinen Wunsch, dass alle glücklich sein mögen...

Und nun lass in noch größeren konzentrischen Kreisen all die Lebewesen erscheinen, die gleichzeitig mit dir auf diesem Planeten leben. Auch wenn du sie persönlich nicht kennst, so ist doch dein Leben mit ihnen stärker verbunden als du es wissen kannst... Konzentriere auch auf diese Wesen die volle Kraft deiner liebevollen Zuwendung. Spüre deinen aufrichtigen Wunsch, dass sie frei sein mögen von Angst und Aggression, von Gier und Unwissenheit, dass sie nicht leiden müssen...

Richte deine liebevolle Aufmerksamkeit nun auf all die unglücklichen Menschen, die akut leiden und die ein Opfer von Angst und Unterdrückung sind. Wünsche ihnen das Ende ihrer Leiden und das Empfinden dazuzugehören...

Benutze jetzt deine Phantasie und gehe über diesen Planeten hinaus in das Universum, in andere Sonnensysteme, in andere Galaxien. Der Strom deiner Liebe wird durch die physische Distanz nicht gebremst, und du kannst ihn jetzt wie einen Lichtstrahl zu allen Zentren des Lebens schicken. Vielleicht gibt es dort draußen, jenseits der Erde, ebenfalls Leben, in welcher Form auch immer. Zu all den unbekannten Lebewesen kannst du deinen herzlichen Wunsch schicken, dass auch sie frei sein mögen von Angst und Gier, von Hass und Verwirrung und den vielen anderen Gründen des Leidens. Mögen alle diese Wesen ebenfalls glücklich sein...

Du kannst dir nun vorstellen, dass du aus dem Universum heraus auf unseren Planeten schaust, der unsere Heimat ist. Sieh unseren Planeten in dem dunklen Weltraum blau und weiß schimmern, wie er sich dreht im Licht der Sonne...

Nähere dich nun wieder unserem Planeten... bis du zu der Gegend kommst und zu dem Ort, wo wir uns im Augenblick aufhalten. Und während du dich diesem Platz langsam näherst, betrachte jenes Wesen, das du von allen am besten kennst... jene Person, die die Aufgabe hat, dich selbst in diesem Leben zu verkörpern... Du kennst diesen Menschen besser als jeder andere. Du kennst seine Schmerzen und Hoffnungen, du kennst sein Liebesbedürfnis, und du weißt, wie sehr sich diese Person anstrengt. Betrachte das Gesicht dieses Wesens – dein eigenes Gesicht... Rede dich mit deinem eigenen Namen liebevoll an und spüre mit derselben intensiven Zuwendung, wie sehr du dir wünschst, dass auch dieser Mensch frei sein möge von Angst und Gier, frei von Unwissenheit und Unsicherheit und all den anderen Gründen des Leidens... Die Liebe, die dich mit allen Wesen verbindet, richtet sich nun auf dein eigenes Selbst. Gestatte dir, das ohne Einschränkung zu empfinden...

Und wenn du bereit bist, kannst du mit deiner Aufmerksamkeit hierher zurückkehren. Reck und streck dich ein wenig, atme einmal tief aus und öffne die Augen. Sei wieder hier, erfrischt und wach.

Sich zu Hause fühlen

Setz dich bequem hin und schließ die Augen. Atme einmal tief aus und erinnere dich an Situationen, in denen du die Natur besonders genießen konntest, in denen du dich ganz lebendig gefühlt hast, wo du einfach glücklich warst... Lass deinen Geist zurückwandern, und während du dich erinnerst, atme tief und gleichmäßig. Dann wähle eine Situation aus und vertiefe dich in sie. Lebe diese Situation noch einmal mit all deinen Sinnen...

Und während du dich erinnerst, spüre dieses Erlebnis auch mit deinem Körper. Sieh ganz deutlich mit deinem geistigen Auge, was du damals gesehen hast; fühle, was du gefühlt hast; höre, was du gehört hast; rieche und schmecke, wie es damals war. Vielleicht fällt dir ein Erlebnis am Meer ein. Dann bemerke das Salz in der Luft, das Grollen der Brandung, den Wind und die Schreie der Möwen; spüre den feinen Wassernebel auf deinem Gesicht; sieh die strahlende Sonne oder die grauen Wolken und die blaugrüne Unendlichkeit des Wassers. Tauche tief in alle diese Einzelheiten ein und genieße die Erinnerung mit allen Sinnen...

Vielleicht fällt dir auch eine Zeit ein, wo du durchs Gebirge gewandert bist und dann vielleicht unter einem Baum am Rand einer Wiese gerastet hast... Lass diesen Augenblick wieder lebendig werden. Vielleicht hast du damals die angenehme Müdigkeit deiner Muskeln gespürt und bemerkt, wie dein Herz weit wurde, als du über die Wiese auf die dahinter liegenden Berghänge blicktest; vielleicht hast du die Schönheit des Lichtes genossen, das in einem kleinen Bergbach aufblitzte; vielleicht gab dir die sanfte Brise und das Summen der Bienen das Gefühl innerer Ruhe...

Atme weiter gleichmäßig, während dir solche Bilder und Erinnerungen kommen, und vertiefe dich in diese Situation. Betrachte deine Umgebung und bemerke alle Empfindungen, die du damals in deinem Körper gefühlt hast. Wenn du das tust, werden diese alten Gefühle wach, und du spürst, was es heißt, in sich selbst zu ruhen...

Wie fühlen sich deine Augen an, wenn du in dir selbst ruhst? Wie erlebst du dann Töne und Geräusche? Wie fühlt sich dann deine Haut an?...

Tauche tief in diese Erinnerungen ein, genieße sie und danke dem Leben, dass es dir immer wieder das Geschenk macht, in dir selbst zu ruhen. (3 Minuten)

Du kannst diese Übung häufig wiederholen. Vermutlich fallen dir immer andere Erlebnisse ein: eine Segeltour, ein Skiausflug, ein Ausritt, ein Tanzvergnügen usw. Jedesmal kannst du dich daran erinnern, wie gut du dich fühlst, wenn alles zusammenpasst – dein Körper, deine Sinne, dein Geist, deine Aktivität und deine Umgebung. Du wirst dann häufiger solche befriedigenden Augenblicke erleben, weil du aufgeschlossener und bewusster bist.

Und nun reck und streck dich. Atme einmal tief aus und öffne die Augen... Sei wieder hier, erfrischt und wach...

Der Geist des Universums

In dieser Übung können wir versuchen, unseren Atem aktiv willkommen zu heißen.

Dabei musst du deinen Atem in keiner Weise beeinflussen... Im Stehen oder Sitzen kannst du dein Gesicht in jede Richtung drehen, die dir angenehm ist, und den einströmenden Atem einfach begrüßen. Du kannst dich ein wenig vorbeugen, deinem Atem entgegen. Begrüße die Luft so, wie du das mit einem Freund machen würdest, der dich besuchen kommt...

Du kannst dabei alle möglichen Assoziationen haben, aber verliere nicht den Kontakt zu deinem Atem...

Du wirst dabei ganz unterschiedliche Empfindungen bemerken, und du kannst feststellen, dass sich diese Empfindungen verändern: Unruhe... Neugier... Staunen... Dankbarkeit... Erleichterung... sinnlicher Genuss...

Wenn du dazu bereit bist, kannst du im Stillen sagen: „Dies ist der Atem meines Lebens..."

Und du kannst dir bewusst machen, dass der Atem ein Geschenk ist für dich, das dir die Welt macht: alle Ozeane, alle Wälder und die Sonne... Jedesmal wenn du einatmest, kommt die ganze Welt und ihre Geschichte zu dir in deinen Körper, um dich wiederum für ein paar Augenblicke am Leben zu halten. Jedesmal wenn du atmest, dann kommt das Wunder des Lichtes in deine Lungen, die Sonne, die auf die Ozeane und die Wälder der Kontinente scheint. Unsere Lungen sind Tempel, die den Geist des Universums in sich aufnehmen. Und obgleich dieses Universum so unfassbar groß ist, können wir es sinnlich spüren. Das ist ein Geheimnis, das dir jeder Atemzug verrät. Und auch wenn du spontan seufzt oder gähnst, kannst du diesen Ausdruck deines Atems genießen...

Und wenn du gleich weiteratmest, kannst du deine Aufmerksamkeit ein paar Sekunden auf die folgenden Punkte lenken:

Bemerke, wie der Atem in deinen Körper hereinströmt...

Bemerke dabei das Gefühl der Ausdehnung…

Bemerke, dass dein Atem von der großen, weiten Welt kommt…

Sei dir bewusst, dass der Ozean der Luft nicht immer da war. Erst musste dieser Planet entstehen, und die Sonne brauchte Milliarden Jahre, um den Sauerstoff zu erfinden. Und denke auch an all die Ozeane der Welt, die ebenfalls Sauerstoff bilden, den du einatmest…

Denke an die Sonne, die ununterbrochen auf unsere Erde scheint, während du dem Rhythmus deines Atems folgst…

Nun geh mit deiner Aufmerksamkeit mitten in deine Brust – tief nach innen in den freien Raum, den du mit deinem Atem füllst…. Begrüße den Atem von dieser Stelle aus… Genieße das Wunder, das der Atem bewirkt, wenn er dir neue Kraft gibt und dich erfrischt…

Zyklus
der Jahreszeiten

Setz dich bequem hin und schließ die Augen... Wenn du das nächste Mal einatmest, stell dir bitte vor, dass du Sonnenlicht in dich hereinströmen lässt, frischen Sauerstoff und die Energie der Natur, die immer bereit ist für dich, damit du wachen, damit du dich verändern und neue Wege gehen kannst. Wenn du ausatmest, dann lass Müdigkeit, Skepsis und Hoffnungslosigkeit aus dir hinausfließen, und mit jedem Atemzug kannst du ruhiger und gelassener werden... Geh in der Phantasie irgendwo aufs Land, wo Wälder und Felder sind, Wiesen und Obstgärten, wo du ein angenehmes Klima findest und wo du dich an den Ergebnissen bäuerlicher Arbeit erfreuen kannst...

Im ersten Teil dieser Phantasiereise kannst du goldene Felder mit Weizen, Hafer und Roggen vor dir sehen und an den Rändern dunkelblaue Kornblumen, roten Klatschmohn und grüne Ackerkräuter, in denen die jungen Hasen dieses Frühjahrs zu Hause sind.

Du gehst einen Weg entlang und kommst in einen Obstgarten. Du siehst große, alte Kirschbäume, und in dem blaugrünen Laub blitzen purpurrote Kirschen. Dazwischen findest du einige Beete mit Erdbeerpflanzen, über und über besät mit hellroten Früchten, und ab und zu einen Strauch mit karmesinroten Johannisbeeren. Hier bist du willkommen. Du kannst dir von diesen Früchten nehmen. Pflück dir einige Kirschen. Spüre, wenn du sie isst, die reife Süße und die Reinheit dieser Früchte. Wenn du willst, kannst du auch von den Erdbeeren und Johannisbeeren probieren... Genieße die Wärme dieses Tages, den wolkenlosen Himmel, und genieße diese Zeit, in der die Natur uns zeigt, was sie alles hervorbringen kann...

Stell dir vor, dass ein paar Monate vergangen sind und dass es Herbst ist. Die Wälder leuchten rot, orangefarben und golden. Die Äste der wilden Apfelbäume an den Landstraßen hängen tief unter der Last der rotbackigen Äpfel herab, und in den Weinbergen warten schwere violette Trauben darauf, geerntet zu werden. Welche Gefühle hast du für diese Jahreszeit? Wie fühlst du dich, wenn die Ernte eingebracht wird, wenn die Früchte der Felder eingesammelt werden? Denke einen Augenblick an dein eigenes Leben und an die Ernte, die du im Augenblick einfahren kannst. Hast du den Eindruck, dass du die Früchte ernten kannst von all dem, was du gesät hast? Oder hättest du mehr säen müssen? Oder hättest du andere Saat benutzen sollen? Kannst du ernten, was du brauchst, bzw. was gut für dich ist?...

Und dann richte deine Aufmerksamkeit wieder auf die Früchte der Erde, die vor dem Winter eingebracht werden müssen. Lass dir Zeit, den Zauber dieser Jahreszeit zu genießen, die frisch gepflügten braunen Felder, den hellblauen Herbsthimmel, in dem immer noch die Lerchen singen, und erlebe bewusst deinen Platz darin. Kannst du spüren, dass du ein Kind des Universums bist und dass du Anteil hast an den Früchten der Erde?...

Geh in deiner Phantasie wieder ein paar Monate weiter und lass es Winter werden – ein Winterabend. Am schwarzblauen Himmel siehst du Sterne. In dieser wolkenlosen Nacht fällt ihr Licht auf die Erde, die jetzt schläft und neue Kraft schöpft. Eine schützende Schneedecke bedeckt die Natur, und Teiche und Seen sind zugefroren. Berühre den Schnee und sieh das Funkeln der Eiskristalle. Unter dem Schnee schlummert das Leben. Tief im Boden liegen so viele Samen, die jetzt noch unsichtbar sind und sich ausruhen, um dann im Frühling neues Leben zu bringen. In dieser Zeit muss die Energie aufgespart werden. Sie liegt in der schützenden Erde und wartet ab. Denk wieder über dein eigenes Leben nach: Hältst du auch ab und zu inne und nimmst dir Zeit, um neue Kraft zu schöpfen? Und auch wenn alles abgeschlossen und tot erscheint, kannst du dann spüren, dass das Neue schon wartet? Wie siehst du dein eigenes Leben? Gibt es in deinem eigenen Leben Zeiten, wo es genau richtig ist, still zu halten und zu warten? Gestattest du der Saat, die in dir selbst liegt, dass sie ruht und Kraft schöpft, ehe das Wachstum beginnt? Auch du bist Teil der Natur, und ihre Ruhezyklen sind auch für dich bestimmt...

Geh wieder ein paar Monate weiter und lass es Frühling werden... Sei wieder dort auf dem Lande, wo du im Sommer warst, und schau zu, wie die Natur ihre neuen Kleider anlegt. Überall kannst du hellgrüne Knospen an den Zweigen der Bäume sehen, die von ihrem

Schlaf aufgewacht sind und nun einen neuen Lebensabschnitt beginnen. Unter deinen Füßen strecken sich die zarten Halme von Gras und Kräutern der Sonne entgegen, die die Erde erwärmt und zum Wachstum einlädt. Kälte und Schnee sind verschwunden, und überall entdeckst du neues Leben. Auch Tiere und Vögel beginnen das Frühjahr mit neuem Schwung. Hier und da hörst du das hungrige Geschrei der ersten Jungvögel, die unermesslichen Appetit haben. Die Luft ist voller Gerüche, und alles ist in Bewegung. Nach der Zeit der Winterruhe beginnt die Jahreszeit der Wiedergeburt...

Kehre nun mit deiner Aufmerksamkeit zu deinem eigenen Leben zurück und betrachte die einzelnen Lebensphasen. In welcher Lebensphase bist du jetzt? Wie drückst du das Wachstum in deinem Leben jetzt aus? Fühlst du dich verbunden mit den Rhythmen der Natur? Pflegst du dein Potential für Entwicklung und Veränderung? Du bist ein Kind der Natur, und der Zyklus deines eigenen Lebens ist genauso wichtig, wie der Lebenszyklus von Tieren und Pflanzen...

Denke darüber nach, wie du für dich selber sorgst, so dass dein Leben fruchtbar ist. Was ist in deinem Leben alt und abgestorben? Was ist neu und lebendig?

Gib dir ab und zu Zeit, die Jahreszeiten der Natur auf dich wirken zu lassen...

Nun komm mit deiner Aufmerksamkeit hierher zurück... Atme einmal tief aus, öffne deine Augen und sei wieder hier, erfrischt und wach...

Mutter Erde

Setz dich bequem hin und schließ die Augen... Fang an, ruhig und gleichmäßig zu atmen...

Mach dir ein inneres Bild des Planeten Erde. Betrachte zunächst die äußere Erdkruste, die Kontinente, die Ozeane, Berge und Flüsse... Stell dir dann die großen tektonischen Platten vor, die im Untergrund sind und sich langsam auf dem glühendheißen Magma bewegen, das im Innern der Erde pulsiert...

Erinnere dich daran, dass unsere Erde zu Anfang ein Teil der Sonne war und lange brauchte, um wenigstens außen so weit abzukühlen, dass Leben entstehen konnte...

Denke daran, dass die Erde nicht für den Menschen gemacht wurde, sondern dass die Erde die Entstehung des Menschen möglich gemacht hat. Sie stellt uns das Land zur Verfügung, damit wir Häuser bauen können und Felder anlegen, die uns ernähren. Aber die Erde hat nicht nur uns Menschen hervorgebracht. Lange vor uns hat sie das Wasser entstehen lassen, Ozeane und Flüsse geschaffen, und geduldig abgewartet, dass das Leben geboren werden konnte. Erinnere dich daran, wie uralt die Erde ist und wieviele Milliarden Jahre sie gebraucht hat, um abzukühlen, so dass Leben möglich wurde. Wir Menschen gehören erst so kurze Zeit zur Erde, und wir wissen so wenig von ihr, dass wir immer wieder über die Weisheit der Natur und das Wunder des Lebens staunen. Und es ist verständlich, dass wir eine besondere Beziehung zur Erde haben. Man könnte diese Beziehung mit der Beziehung von Kindern zu ihrer Mutter vergleichen. Wir schätzen unsere Freiheit so sehr, dass wir manchmal unsere Möglichkeiten und Rechte überschätzen, und gleichwohl empfinden wir eine lebenslange Sehnsucht nach einer guten Beziehung, nach Übereinstimmung und Geborgenheit...

In dieser Phantasiereise kannst du deine eigene Beziehung zur Erde erforschen. Stell dir vor, du hast einen Schacht entdeckt, durch den du tiefer und tiefer nach unten bis in den Bauch der Erde gelangt bist. Du befindest dich in einer Höhle aus Felsen. Hier ist es ganz dunkel. Irgendwie erinnert dich dieser Platz an die Zeit, die du im Mutterleib verbracht hast – geborgen, gehalten, verbunden mit dem Herzschlag der Mutter. Zunächst kannst du deine Umgebung nur fühlen, nur betasten, weil es hier vollkommen dunkel ist. Kannst du irgendetwas hören? Und wie empfindest du die Atmosphäre? Fühlst du dich sicher? Fühlst du dich eingeschlossen?...

Während du dir über deine Empfindungen klar wirst, bemerkst du, dass winzige Lichtstrahlen von Decke und Wänden und auch vom Boden der Höhle ausgehen. Diese Lichtstrahlen gestatten dir, mehr und mehr wahrzunehmen. Du bemerkst, dass das Licht von unendlich vielen Kristallen ausgeht, die hier gewachsen sind. Ihr Licht füllt die Höhle mit einem sanften Leuchten...

Vielleicht möchtest du etwas herumgehen, um die Höhle genauer zu erforschen... Vielleicht möchtest du dich auch hinsetzen und auf die Stimme der Erde hören: das Blubbern von glühender Lava, das Grollen der großen Kontinentalplatten, das Rauschen unterirdischer Wasserströme... (1 Minute)

Und nun leg dich auf den Boden der Höhle und spüre, dass du im heiligen Schoß der Erde bist. Denke zurück an die Zeit vor deiner Geburt, als du in der Dunkelheit und Sicherheit des Mutterleibes lagst. Hast du irgendeine Erinnerung an diese Zeit? Wie war diese Zeit für deine Mutter? Konnte sie es genießen, dass sie schwanger war? Freute sie sich auf ihr Kind? Hatte sie innere Ruhe oder hatte sie Sorgen? War sie unruhig und unsicher, ob sie alles richtig machen würde, was das Kind betrifft? Hatte sie Unterstützung von deinem Vater? Von ihren Eltern? Von anderen Menschen? Im Mutterleib erleben wir die Gefühle der Mutter, Glück und Seligkeit, Stress und Unruhe, von Augenblick zu Augenblick...

Wenn du eine Frau bist, dann denke über deine geheimnisvolle Fähigkeit nach, selbst neues Leben zu gebären. Kannst du empfinden, dass dies eine heilige Fähigkeit deines Körpers ist? Behandelst du deinen Körper und dich selbst respektvoll angesichts dieses Wunders?...

Wenn du ein Mann bist, dann denke über deine Fähigkeit nach, neues Leben zu zeugen. Kannst du diese Fähigkeit ebenfalls als ein Wunder betrachten? Wie empfindest du dein Vermögen, das Leben weiterzugeben? Hast du Angst davor? Denkst du wenig darüber nach? Kannst du in der Zeugung einen heiligen Akt sehen?...

Und all dies kannst du auch auf die Erde anwenden. Erscheint dir die Erde manchmal wie eine Mutter? Behandelst du sie mit dem liebevollen Respekt, den eine Mutter verdient? Hast du manchmal das Gefühl, dass die Erde dir etwas schuldet? Oder umgekehrt, dass du der Erde etwas schuldest?

Lass dir etwas Zeit, darüber nachzudenken. Deine Beziehung zur Erde ist wichtig. Die Erde kann ohne dich auskommen, aber du kannst nicht ohne die Erde auskommen. Sie nährt dich, sie kleidet dich, sie gibt dir ein Dach über dem Kopf, aber vor allem gibt sie dir den Zugang zur Tiefe deines eigenen Selbst. Ohne die Erde kannst du nicht erwachsen werden...

Bewege diese Dinge noch eine Weile in deinem Herzen... (1 Minute)

Und wenn du möchtest, kannst du dich jetzt vom Bauch der Erde verabschieden. Möchtest du irgendetwas ausdrücken? Um etwas bitten? Für etwas danken? Hast du eine Frage auf dem Herzen, einen Wunsch? Oder möchtest du noch einmal die Stimme der Erde hören?... (1 Minute)

Nun kannst du aufstehen und den Kristallen danken, die dir Licht geschenkt haben, und du kannst durch den Schacht wieder zurückkehren, hierher in diesen Raum. Spüre den Boden unter dir, reck und streck dich und atme einmal tief aus. Dann öffne die Augen und sei wieder hier, erfrischt und wach...

Optimismus

Setz dich bequem hin und schließ deine Augen... Schenke dir ein paar Minuten des Schweigens und der inneren Ruhe. Beginne ruhig und gleichmäßig zu atmen und genieße das Bewusstsein, dass dich dein Atem mit der ganzen Welt verbindet...

Richte deine Aufmerksamkeit zunächst auf all die Schwierigkeiten, von denen die Menschheit nicht erst seit heute geplagt wird... Denk an all das Leid, das die Menschen in reichen und in armen Ländern quält... Denke an den Schmerz, die Unsicherheit, die hilflose Wut und die Angst... Denk an die Einsamkeit, die Frustrationen, die Hoffnungslosigkeit, die Unwissenheit und Verzweiflung von Milliarden Menschen, von Jungen und Alten in allen Ländern und schließe dich dabei selbst ein...

Lass diese Bilder und Gedanken in den Hintergrund treten und richte deine Aufmerksamkeit auf die Tatsache, dass die Menschheit die Fähigkeit zum Wandel, zur Erneuerung, zur Evolution besitzt. Wir alle sind aus Fels, aus Pflanzen und Tieren hervorgegangen und unsere Gene wissen, was Anpassung und Erneuerung bedeutet. Daher ist es nicht nur eine humanistische Illusion, wenn du an die ungeheuren Ressourcen der Menschheit denkst, die latent in uns allen vorhanden sind: Intelligenz, Liebe, der Wunsch, neue Wege zu gehen, das Streben nach Gerechtigkeit, die Sehnsucht nach Frieden, die Neugier auf das Unbekannte, die Fähigkeit zu staunen, das Empfinden für Schönheit und künstlerische Kreativität... Du kannst dieses Potential mit der ungeheuren Energie vergleichen, die im Kern der Atome und in all den Sonnen und Sternen gebunden ist, die du am weiten Himmel über dir siehst... Denke auch an unser ethisches Potential, d. h. an die Bereitschaft vieler Menschen, sich um Wahrhaftigkeit, Barmherzigkeit und Nachsicht zu bemühen... Bedenke weiter, dass immer mehr Menschen versuchen, ihre Beziehung zur Natur, zum Land, zum Wasser, zu Tieren und Pflanzen neu zu gestalten. Denke an die Bereitschaft, auch von Kulturen zu lernen, die sich nicht in erster Linie dem unbegrenzten industriellen Wachstums verschrieben haben...

Spüre in deiner Phantasie die Kraft und die Schönheit dieses Potentials. Welches Glück, welcher Segen kann erlebt werden, wenn es aus seinen Fesseln befreit wird?... Stell dir nur einen Augenblick vor, wie die Welt aussehen wird, wenn diese Ressourcen in Milliarden von Menschen Wirklichkeit werden, und schließe dich selbst mit ein...

Und wenn du schon begonnen hast, an dir selbst zu arbeiten, dann nimmst du bereits teil an diesem großen Projekt, bei dem es darum geht, Dunkelheit und Leid zu überwinden...

Lass dir etwas Zeit, um dir bewusst zu machen, dass dies nicht nur dein eigenes privates Projekt ist, sondern Teil unserer Entwicklung, an der zahllose Individuen aller Rassen, aller Glaubensrichtungen und aller Altersstufen beteiligt sind. Mancher hat vielleicht die Befürchtung, dass die Menschheit in einer Sackgasse steckt und nun den Preis für ihren Übermut bezahlen muss. Aber du kannst es auch so sehen, dass wir heute an einer Schwelle stehen, so wie wir schon oft an Schwellen gewartet haben, um den Umgang mit neuen Freiheiten und neuen Einsichten zu lernen... Natürlich empfinden wir Angst und Unsicherheit an jeder Schwelle, weil wir nicht wissen können, was vor uns liegt. Wir benötigen Optimismus, und den finden wir am leichtesten in den tieferen Regionen unseres Geistes, dort wo wir die Verwandtschaft zu all den Lebensformen spüren, aus denen wir in vielen Schritten und in Millionen von Jahren hervorgegangen sind... Spüre deinen Körper, deinen Atem, deinen Herzschlag. Sie schenken dir von Augenblick zu Augenblick eine Brücke zur Zukunft; du darfst aufwachen und Hoffnung haben.

Und nun komm mit deiner Aufmerksamkeit hierher zurück. Bring aus dieser Meditation das mit, was für dich persönlich wertvoll ist... Reck und streck dich ein wenig, atme einmal tief aus und sei wieder hier, erfrischt und wach...

Kollektives Bewusstsein

Setz dich bitte so hin, dass du tief und leicht atmen kannst... Schließ die Augen und geh mit deinem Bewusstsein an den Platz der Stille in dir, die immer dann eintritt, wenn ein neuer Atemzug darauf wartet, dass das Ausatmen abgeschlossen ist... Geh zu dieser kurzen Pause und bemerke, dass sie einen Rhythmus auch für dein Denken und Fühlen schafft, der angenehm ist...

Jetzt gib dir Gelegenheit, an die Reise deines Lebens zu denken, wie du dich bewusst um deine Entwicklung bemüht hast... Vielleicht hattest du den Wunsch, dich freier auszudrücken... Vielleicht ging es dir darum, Körper und Geist in Harmonie zu bringen... Vielleicht ging es dir um ein bewusstes Leben, um eine neue Achtsamkeit oder um ökologische Ziele... Erinnere dich daran, wann du diese Reise begonnen hast, wie lange sie schon in deinem Bewusstsein eine wichtige Rolle spielt. Hast du einige deiner Ziele vielleicht schon erreicht?...

Denke auch an jene Bereiche, die noch viele Investitionen und Anstrengungen erfordern, wo es um Vertiefung und neues Verständnis geht. Oder denke an die Seiten deiner eigenen Persönlichkeit, die du erforschen und integrieren möchtest... (1 Minute)

Und nun stell dir vor, dass du auf einem ganz besonderen Weg bist... Es ist der Weg des kollektiven Bewusstseins aller Menschen. Auf deinem Weg triffst du mit allen anderen Menschen zusammen. Vielleicht erkennst du jenen Abschnitt des Weges, wo du jetzt gerade stehst... Vielleicht bekommt du ein Gefühl für diesen Weg der Menschheit, die sich um ein neues Bewusstsein bemüht, um Frieden, Solidarität und Weisheit...

Bemerke einfach, welche Bilder in dir aufsteigen... Und wie immer geht es hier nicht um die richtige Antwort. Es geht nur um dein Bewusstsein zu diesem Zeitpunkt und um das, was für dich Bedeutung hat. Vielleicht siehst du jetzt keine konkreten Bilder vor dir. Es ist ausreichend, wenn du die Assoziationen spürst, die sich bei dir ganz von selbst einstellen, wenn du meinen Worten folgst...

Nun bemerke, wie der Weg beschaffen ist, auf dem du wanderst. Wie ist seine Oberfläche?... Ist er rauh oder glatt?... Ist er vielleicht an einigen Stellen überschwemmt oder von Geröll verschüttet?... Bemerke Geräusche, Farben, Gerüche oder noch andere Aspekte, während du dich in deinem Bewusstsein auf diesen Weg konzentrierst...

Bemerke nun all die Menschen, die vor dir auf diesem Weg gehen, und die vielleicht schon mehr von dem erreicht haben, um das du dich bemühst. Wie empfindest du diesen Umstand?... Beneidest du jene, die schon weiter gegangen sind?... Empfindest du so etwas wie Konkurrenz gegenüber diesen Menschen?... Geben sie dir Inspiration und Hoffnung?... Sei tolerant und bemerke auch gemischte Gefühle...

Wie wäre es für dich, wenn jemand von denen, die dir vorausgehen, sich umwenden und dir seine Hand hinstrecken würde?... Könntest du diese Hilfe akzeptieren?... Wie wäre es, wenn du diese Hand ergreifen und dir helfen lassen würdest?... Spüre dieser Frage nach, während du ausprobierst, wie es sich anfühlt, die Hilfe anzunehmen, die dort verfügbar ist...

Und nun dreh dich bitte um und bemerke all die Menschen, die noch nicht so weit gegangen sind wie du auf deiner Reise... Wie ist es für dich, wenn du bemerkst, dass du schon weiter bist als andere?... Bist du mit deiner Position zufrieden?... Fühlst du dich exponiert oder beneidet oder kritisiert?... Kannst du es ertragen, dass du vielleicht bewundert und als Vorbild betrachtet wirst?... Hast du gemischte Gefühle, wenn du auf deinem Weg nach hinten blickst?...

Und wenn es dir möglich ist, wenn du dazu bereit bist, dann dreh dich um. Streck eine Hand aus, und biete einem Menschen Unterstützung an, der hinter dir ist. Das kann jemand sein, den du kennst, aber es kann auch ein Fremder sein. Wichtig ist nur, dass du dir gestattest, Hilfe anzubieten.

Achte auf deine Reaktion und auf die des Menschen, der deine Hand ergreift. Und auch in diesem Falle gibt es kein Richtig oder Falsch. Denke daran, dass es nicht entscheidend ist, wie bereitwillig und wie leicht du anderen Unterstützung gewährst. Jeder deiner Schritte bietet den nach dir Kommenden Anregung und Unterstützung...

Nun schau zur Seite und bemerke alle jene Menschen, die neben dir gehen im selben Tempo wie du... Bemerke, dass du nicht alleine reist, wie immer du dich fühlst. Viele andere machen diese Reise mit dir... Und das sind vielleicht Menschen, die du kennst, oder es sind Fremde. Und es gibt eine große Anzahl von Zeitgenossen, die du persönlich nie erleben wirst. Kann dir diese Überlegung etwas bedeuten?... Kannst du dieses Empfinden der Gleichzeitigkeit und der Solidarität genießen?...

Bemerke nun, was geschieht, wenn du dir gestattest, deinen Weg fortzusetzen und Hilfe zu akzeptieren und zu gewähren, ohne dass du dir immer dessen bewusst sein musst. Im kollektiven Bewusstsein wird ständig gegeben und empfangen, und alle sind daran beteiligt...

Und wenn du bereit bist, dann denke noch einmal über den Weg nach, den du gegangen bist und den du gehen wirst... Du kannst zu dieser Betrachtungsweise immer dann zurückkehren, wenn du das möchtest, wenn dir die Orientierung fehlt und du dich allein fühlst...

Kehre nun mit deinem Bewusstsein hierher zurück. Reck und streck dich ein wenig und atme einmal tief aus... Öffne dann die Augen und sei wieder hier, erfrischt und wach...

Offen sein,
bereit sein

Entspanne dich und schließe deine Augen... Achte darauf, dass dein Rücken ganz gerade ist... Du sitzt bequemer, wenn Arme und Beine nicht gekreuzt sind...

Versuche nicht, besonders langsam oder besonders tief zu atmen. Bemerke einfach, wie dein Atem von selbst kommt und geht. Bemerke die begleitenden Gefühle in deiner Nase oder auf deiner Oberlippe, in deiner Brust oder in deinem Bauch. Gestatte dir, passiv und wach zu sein, wie eine Katze, die an einem Mauseloch sitzt...

Und während du deinen Atem beobachtest, kannst du feststellen, dass alles von selbst geschieht, ohne deinen Willen und ohne dass du einen Entschluss fassen musst, jetzt einzuatmen oder auszuatmen. Spüre, dass du „beatmet" wirst, dass du vom Leben „beatmet" wirst... genauso wie jeder in diesem Raum, in dieser Stadt und auf diesem Planeten vom Leben beatmet wird, und gehalten wird von unserer gemeinsamen Mutter, der Erde...

Nun sieh deinen Atem wie ein buntes Band von Luft, das durch dich hindurchgeht. Sieh, wie es durch deine Nase hereinströmt und durch deine Luftröhre, hinab in deine Lunge. Stell dir vor, dass es von dort in dein Herz hineinfließt und von dort durch eine Öffnung in der Brust nach draußen, um sich mit den bunten Bändern des Atems aller anderen Lebewesen zu einem großen Netz des Lebens zu verbinden. Stell dir vor, dass dein Atem eine kleine Masche ist in dem unendlichen Netz, mit dem du auf diese Weise verbunden bist. Und nun öffne dein Bewusstsein für all das Leid, das es auf dieser Welt gibt. Lass all deine Abwehr fallen und öffne dich für das Wissen, dass es überall auf diesem Planeten Leid und Schmerz gibt. Lass dieses Wissen ganz konkret werden – plastische Bilder von all den Menschen in Schmerz und Not, in Angst und Isolation – in Gefängnissen und Krankenhäusern, auf verdorrten Weideflächen und überschwemmten Äckern – Hunger, Krankheit, Unterdrückung, Angst und Wut... Du musst dich nicht aufregen, wenn du diese Bilder siehst, du musst dich nicht anspannen, du siehst sie einfach, weil wir alle miteinander verbunden sind... Bleibe locker und lass diese Bilder hochkommen – das unendliche Leid unserer Mitmenschen und das Leid von Tieren und Pflanzen, die im Meer schwimmen und durch die Luft dieses kranken Planeten fliegen und die ebenfalls unsere Brüder und Schwestern sind...

Atme all dieses Leid ein wie dunkle Staubkörner, deren Rauheit du in Brust und Herz spürst... Atme sie wieder aus und gib sie zurück in diese Welt, die wir miteinander teilen. Im Augenblick musst du nichts tun. Sieh all dies mit deinem Herzen und achte darauf, dass diese Bilder wieder aus dir hinausfließen. Verbeiß dich nicht in diesen Schmerz. Überlass das Leid der heilsamen Kraft des Lebens. Lass allen Kummer und alle Trauer in dir reifen, indem du sie durch dein Herz ziehen lässt. Auf diese Weise kannst du etwas darüber lernen und Kraft sammeln, um zur richtigen Zeit das Richtige zu tun. Und wenn keine Bilder und keine Gefühle da sind, wenn du dich nur leer und taub fühlst, dann atme auch das ein und aus. Auch Taubheit und Empfindungslosigkeit sind ein sehr realer Bestandteil unserer Welt... Es kann auch sein, dass du jetzt nicht nur das Leid anderer spürst, sondern auch deine eigenen persönlichen Schmerzen. Dann atme auch sie ein und wieder aus. Auch deine eigene Angst ist Bestandteil des Leides dieser Welt...

Und wenn du Schmerzen in deinem Herzen fühlst oder einen Druck in deiner Brust, als ob dir das Herz brechen würde, dann ist das kein Grund zur Beunruhigung. Dein Herz ist nicht so starr, dass es brechen könnte. Die Weisen sagen uns, dass das offene Herz die ganze Welt aufnehmen kann. Unser Herz ist dafür groß genug. Darauf darfst du vertrauen... Nun atme weiter und versuche, dich nicht abzuschotten. So kannst du wach und offen bleiben, helfen, wenn es am Platze ist und wenn die richtige Zeit dafür gekommen ist. So kannst du vermeiden, dass du ausbrennst oder verzweifelst...

Atme weiter und füge diesen Gedanken noch das hinzu, was für dich persönlich heilsam ist. (1 Minute)

Und nun komm zu deinem Alltagsbewusstsein zurück, reck und streck dich ein wenig. Atme einmal tief aus, öffne die Augen, sei wieder hier, erfrischt und wach...

Dankbarkeit

Mach es dir auf deinem Stuhl bequem und schließ die Augen... Spüre, wie du dich zunehmend wohl fühlen kannst, wenn du deinen ganzen Körper entspannst...

Spüre diesen menschlichen Körper, in dem du hier sitzt... diesen Körper, der über ein Bewusstsein verfügt... ein Bewusstsein, das jeden Augenblick sagen kann: „Ich bin hier."

Spüre diesen kostbaren menschlichen Körper, in dem jenes Geheimnis wohnt, das mit deinem Namen bezeichnet wird...

Spüre, wie dein Bewusstsein es dir gestattet, dem Strom der Empfindungen zu folgen – von Augenblick zu Augenblick... Vielleicht spürst du, wie du atmest... Vielleicht spürst du deinen Herzschlag... Vielleicht spürst du das Gewicht deines Körpers auf dem Stuhl und dem Boden... Vielleicht kannst du auch spüren, wie die Innenseiten deiner Hände warm werden...

Spüre auch, wie dein Bewusstsein all deine Gedanken und Gefühle, deine Hoffnungen und Ängste in einem stetigen Strom des Denkens entfaltet...

Dein Körper ist die Werkstatt deines Geistes. Danke ihm dafür... Danke ihm für die vielen Möglichkeiten, die er dir bietet... Betrachte deinen Körper mit Dankbarkeit und Wertschätzung... Du kennst ihn schon so lange; betrachte ihn als kostbare, alte Vase, in die du jeden Tag frische Blumen stellen kannst...

Sei dankbar für diesen Augenblick, in dem du hören kannst, was du hörst... in dem du schmecken kannst, was du schmeckst... in dem du fühlen kannst, was du fühlst... in dem du weißt, was du nicht weißt... und in dem du wissen darfst, dass es nichts gibt, was nicht auf einer tieferen Ebene verstanden werden kann...

Wir können uns glücklich schätzen, dass wir in diesem Augenblick leben dürfen und in diesem Körper und dass wir eine Ahnung von dem haben, was weiter reicht als unsere Vernunft...

Und auch wenn wir Schwierigkeiten haben, wenn wir unruhig sind oder ratlos, sind wir gesegnet, dass wir hier sind... Wir sind gesegnet mit unserer Geburt, die uns den Weg frei gemacht hat zu lernen, zu entdecken und zu verstehen...

Sei dankbar für die Freundlichkeit, die dir jene Menschen geschenkt haben, die du liebst... Sei dankbar für die Augenblicke des Glücks... Sei dankbar für die Klarheit, die du gewinnen konntest, wenn du durch Misserfolge, Schmerzen und Leid hindurchgegangen bist... Sei dankbar für alles Gute, was dir widerfahren ist... Sei dankbar dafür, dass Schmerzen und Leid nicht noch größer sind... Sei dankbar für dein Leben auf diesem Planeten – für Wälder und Weizenfelder... für Berge und Quellen... für den Gesang der Vögel... für das Glitzern der Sterne in der Nacht...

Die Erde trägt dich, sie ernährt dich, und sie gibt dir jenen Platz, den du deine Heimat nennen kannst... Sei dankbar auch für deine Seele und die Fähigkeit, dass du sie mehr und mehr schätzen kannst... Sei dankbar für die Engel, die du auf deinem Weg getroffen hast und die dir immer wieder die Hand gereicht haben... Sei dankbar, dass du in einer Welt und in einer Zeit lebst, in der der Wert von Mitgefühl immer deutlicher wird... Sei dankbar dafür, dass du in diese Welt geboren bist, in der es so viel Schatten und so viel Licht gibt...

Sei dankbar dafür, dass so viele Menschen auf diesem Planeten an die Möglichkeit der Befreiung glauben... Sei dankbar für den Weg, der jeden von uns hierher gebracht hat... Und sei auch dankbar für Liebe und Wohlwollen, die du selbst spontan verschenkt hast...

Sei dankbar für unser Erbe, für unsere Fähigkeit, uns immer wieder zu freuen, auch wenn wir uns nicht immer glücklich fühlen... Sei dankbar für deine Lotusblüte, die vielleicht unsichtbar im dunklen Wasser aufsteigt auf ihrem Weg ins Licht...

Sei dankbar für die Wunder, die Geburt und Tod begleiten... Sei dankbar für das Licht, das an den Orten der Erinnerung für dich leuchten kann... Sei dankbar für die Möglichkeit, das Geheimnis des Lebens zu ahnen und vielleicht manchmal zu sehen, wie eine Sternschnuppe am Nachthimmel für kurze Zeit aufleuchtet. Bring das Empfinden von Dankbarkeit zurück in deinen Alltag.

Reck und streck dich ein wenig... Atme einmal tief aus und öffne die Augen. Sei wieder hier, erfrischt und wach...

Phantasiereisen und Meditationen

iskopress

Klaus W. Vopel
Höher als die Berge, tiefer als das Meer
Phantasiereisen für Neugierige
202 Seiten, Hard Cover
ISBN 3-89403-092-5

Klaus W. Vopel
Die 10-Minuten-Pause
Mini-Trancen gegen Streß
176 Seiten, Paperback
ISBN 3-89403-093-3

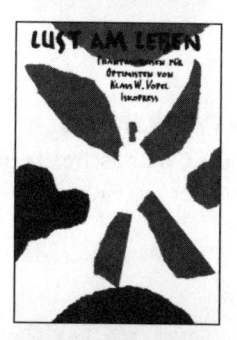

Klaus W. Vopel
Lust am Leben
Phantasiereisen für Optimisten
214 Seiten, Paperback
ISBN 3-89403-096-8

Klaus W. Vopel
Meditationen für Jugendliche
206 Seiten, Paperback
ISBN 3-89403-155-7

Kunst und Technik der Gruppenleitung

iskopress

Klaus W. Vopel
Spiele die verbinden
Offenheit und Vertrauen in der Anfangsphase, Teil 1 + 2

Teil 1: 160 Seiten, ISBN 3-89403-331-2
Teil 2: 165 Seiten, ISBN 3-89403-332-0
Paperback

Klaus W. Vopel
Teamfähig werden
Spiele und Improvisationen, Teil 1 + 2

Teil 1: 140 Seiten, ISBN 3-89403-090-9
Teil 2: 150 Seiten, ISBN 3-89403-091-7
Paperback

Klaus W. Vopel
Wirksame Workshops
80 Bausteine für dynamisches Lernen
390 Seiten, Broschur mit Fadenheftung
ISBN 3-89403-607-9

Für nähere Informationen fordern Sie bitte unser Gesamtverzeichnis an:

iskopress
Postfach 1263
21373 Salzhausen
Tel.: 04172/7653
Fax.: 04172/6355
E-Mail: iskopress@iskopress.de
Internet: www.iskopress.de